中公新書 2129

JN284312

竹内正浩著

カラー版 地図と愉しむ東京歴史散歩

中央公論新社刊

はじめに

ひとくちに東京といっても、下町《したまち》と山手《やまのて》、都心と郊外、お洒落《しゃれ》な街や生活感のある街……さまざまな顔がある。東京を歩くと、必ず発見がある。いつも新しい刺激がある。何度歩いても飽きないのは、当然だろう。

町歩きをしているうち、さまざまなものに出合う。そして自分なりの疑問が首をもたげてくる。石垣や標石に刻まれた不思議な記号、きれいに弧を描く道、規則正しく並ぶ家、太古から存在していたかのような古びた倉庫、廃墟《はいきょ》。それぞれに意味がある。一見何気ないものであっても、その裏には江戸・東京四〇〇年の歴史が潜んでいる。現地を訪れ、地図を眺めながら、突然その疑問が解けたときの「腑《ふ》に落ちる」快感。既存のガイド本や案内標識を見ているだけではわからない、もうひとつの歴史。

古き良き下町情緒や、しっとりとした江戸情緒もいいけれど、何の案内板もなく、忘れさられたようにたたずむモノのもつ輝きや、一見何の変哲もない町からにじみ出る魅力を見落としてはいないだろうか。

本書は、近代化を支えた東京の知られざる遺構の謎《なぞ》を、新旧地図で解明しようとした試みである。ぜひこの本を手にして、今まで見たこともない「東京」を体験してほしい。

目次

I 石垣に刻まれた幻の水準点

街に残る標石

街を歩くとじつにさまざまな標石がある。道路や土地の境界標、そして三角点、水準点……。そのなかでも経度・緯度・標高の基準になる三角点はよく知られている。国土地理院（前身の陸軍参謀本部陸地測量部も）が設置した御影石《みかげいし》の四角柱で、上に×印が刻んである。見晴らしのよいところを選んで設置していることから、高い山の山頂近くで見かけることも少なくない。

同じく国土地理院が設置する水準点は、高さの測量を行うさいの基準点である。知名度こそ三角点に劣るが、これまた重要な測量点である。国会前庭の一角にある日本水準原点が、厳《おごそ》かな石造の建物のなかに納められていることからもわかるであろう。日本水準原点がこの地にあるのは、戦前この地に陸地測量部があったことにちなむ。

だが明治の初め、これらとは別の三角点や水準点が存在した。地図の歴史も一筋縄ではいかない奥深いものがあるのだ。

近代的測量の誕生

地図作成を目的とした、広範囲をカバーする本格的な三角測量は、明治四年（一八七一）八月、工部省内に測量司という部署を設置したところから歴史がはじまっている。ここで指揮をとったのは御雇《おやとい》外国人のコーリン・マックウェンであった。測量師長として招かれた彼は、助手として五人のイギリス人を呼び寄せ、翌明治五年三月から東京府下の土地測量を開始している。

本所相生町《ほんじょあいおいちょう》（現墨田《すみだ》区緑《みどり》一丁目）の通りに基線を設け、旧江戸城の富士《ふじ》見櫓《みやぐら》や芝愛宕山《しばあたごやま》など一三点の三角点を設置して測量を開始したのである。ただ、このときの測量は東京府内の一部と規模が小さく、「関八州《かんはっしゅう》三角測量」、つまり関東全域まで拡大した測量に着手したのは、ようやく明治八年になってからだった。このときの測量成果が、のちに内務省地理局が発行する「五千分一東京実測図」の基盤となる。

しかし、当時喫緊の必要を帯びていたのは、むしろ土木工事用の小区図（狭い地域の詳細な地図）だった。そのため三角測量は中止され、小区測量の実施となった。測量司では五〇〇分一図などの大縮尺地図（詳細図）が作成されていたという。

工部省測量司は明治七年一月、大蔵省にあった租税寮地理課とともに、新設の内務省に移管され、同年八月に内務省地理寮に吸収された。測量司を吸収した地理寮は、工部省流のイギリ

皇居（富士見櫓付近）と愛宕山に三角点らしきものが見える（1/2万「東京城南芝麻布及赤坂区近傍」明治14.2　×1.0）

ス方式を継承して東京・京都・大阪の三都と開港五港の市街図作成に努めた。数年後これを完成させると、今度は全国大三角測量の計画を確定。明治九年ころから、まずは関東で測量を開始している。

内務省地理寮は、部局の名称変更にともない、明治十年一月に地理局と改めた。「英式直照式量瀯法《うんおう》」と呼ばれた技法で「東京実測図」などを作成し、さらに明治十三年には「伊能図《いのうず》」などを基礎とした「百六十万分一日本全国輿地図《よちず》」を作成した。地理局ではその後も「大日本全図」「全国輿地全図」などを作成し、積極的な展開をみせた。地理局の作成したイギリス式の地図類は、陸軍の参謀本部が作成したフランス式やドイツ式とも異なる独特の風合いをもっており、なかなか捨てがたい味わいがある。内務省地理局の地図測量事業は、明治十七年六月に参謀本部に統合されてしまうわけだが、もし内務省にそのまま地図作成機能を残したとするならば、日本の地図事業の様相は大きく異なっていただろう。

愛宕山で水準点を探す

都心に残る、いわば「歴史に抹殺された」三角点や水準点はどれほど存在するのか。まずやってきたのは愛宕山である。愛宕山には幻の三角点と水準点の両方が設置されていた。この小さな山が、地図・測量の歴史にとって、記念すべき場所なのである。愛好家にとっては一種の聖地といっていいかもしれない。

今はすっかり高層オフィスやタワーマンションのなかに沈んでいるが、かつての愛宕山は、江戸有数の高い場所だった。愛宕山は標高二六メートルの天然の山稜《さんりょう》で、周囲に高い建物のなかった江戸時代は、江戸城下や江戸湊《みなと》が一望できた。明治に入っても愛宕山のブランド価値は高かったようで、明治二十二年（一八八九）には、煉瓦造《れんがづく》り五階建ての愛宕塔が山上に建設されている。入場料大人四銭をとって、望遠鏡を設置したのである。この塔は、隣接する愛宕館（旅館と西洋料理店を兼ねた店）が運営したが、浅草《あさくさ》の凌雲閣《りょううんかく》（通称「浅草十二階」）ほどには人気を呼ばなかったようで、明治二十八年に店ともども廃業してしまった。

大正十四年（一九二五）七月に本放送がはじまった東京のラジオ放送も、愛宕山に局舎とアンテナが建設された。奇《く》しくもそれは愛宕館の跡地で、今のNHK放送博物館の場所である。愛宕ブランドは強かった。

愛宕山にあった高塔「愛宕塔」　明治26年ごろ（国立国会図書館蔵）

高さ一〇〇メートルを超えるビルが周囲に林立する現状では、愛宕山の山容すら見渡すことは不可能だ。だが、愛宕神社の社殿に向かって一直線に延びる男坂《おとこざか》を前にすると、さすがに存在感は圧倒的だ。四〇度はあろうかという急坂は都心随一といってよかろう。手すりを頼りに石段を上りきると、目の前に現れるのは、愛宕神社の社殿である。

明治初期、その見晴らしが買われて、測量や地図づくりに愛宕山は格好のポイントとなった。明治五年三月、東京府下の土地測量を開始したコーリン・マックウェンも、日本における初の三角点の一つを愛宕山に設置した。だが、その後の地図づくりは陸軍の陸地測量部が一手に引き受けることになったため、工部省の設置した三角点はすっかり忘れさられてしまったのである。「幻」といわれるゆえんである。

愛宕山には日本初の水準点といわれる「几号《きごう》水準点」も、明治九年以降に設置された。こちらの測量もマックウェンが指揮した。これはマックウェンの故国イギリスの流儀にのっとり、「不」状の記号を、石柱、鳥居、石垣、欄干などの構造物に刻んだものである。標石を地面に打ち込む見慣れた形式ではない。有名なところでは、芝東照宮《とうしょうぐう》の石鳥居の前面にもはっきり「不」印が刻まれている。なかにはＪＲ田町《たまち》駅西口の芝鹿島《かしま》神社のように狛犬《こまいぬ》の台座に刻印されているものもある。

では愛宕山のどこに三角点や水準点が眠っているのだろうか。境内を見渡しても、それらしきものは見当たらない。

探すと、水準点は意外な場所にあった。社殿手前右にある古びた「愛宕神社起倒流拳法碑」の台座の右側面である。こんなに小さく刻んだしるしが水準点だったとは……。最新技術を試行錯誤しながら導入した一例が、測量の歴史にも見られる。日本は一直線に、まるで最初からゴール地点が定められているかのように近代化に邁進《まいしん》したわけではないのだ。

　愛宕山には現在も三角点（三等三角点）が設置されている。これはすぐに見つかった。三角点は、大切に守られ、鉄のふたで覆われていたが、訪ねる人が多いのだろう、その脇《わき》に「三角点」と書かれた石柱が立っている。国土地理院の地形図にはたしかにこの位置に三角点と「25・7」という標高が記載されている。

　ただこの三角点は、陸地測量部時代以降の三角点だ。工部省の三角点はどこに「ある」のか、あるいは「あった」のか。

　じつは工部省の三角点は文献には存在が明記されているものの、実物は今もって不明なのだ。

愛宕山に残る几号水準点（丸印）
案内板などはとくにない

地図研究家の山岡光治氏は、愛宕神社境内にある鯉《こい》が悠々と泳ぐ池のなかに顔を出す四角柱が、工部省の三角点ではないかと推理している。

皇居東御苑に残る水準点

愛宕山とともに工部省三角点があったとされるのは江戸城天守台だ。天守台は今の皇居東御苑にある。愛宕山から皇居までは直線距離で約三キロメートルあるが、途中には多数の「几号水準点」が眠っている。

愛宕山を下りて北に向かう。最初に訪ねるのは日比谷《ひびや》公園だ。園内にある巨石に水準点が刻印されている。日比谷公会堂脇に烏帽子石《えぼしいし》という開園当時からの巨石が置かれている。もともと市ヶ谷見附門《いちがやみつけもん》の桝形《ますがた》にあったものだ。ここにも水準点を示す「不」型の記号が刻んである。日比谷公園にはもう一ヵ所水準点を記録した巨石がある。それは園内北東の心字池ほとりの亀石《かめいし》に刻印されている。この石は牛込《うしごめ》見附門にあったものである。

水準点を残すためにわざわざ移転したわけではないだろう。目立つ巨石に水準点を設置し、刻んだのである。

さらに歩みを進め、上杉《うえすぎ》家屋敷跡に建つ重要文化財の法務省庁舎を過ぎ、桜田門《さくらだもん》にたどり着く。歴史を彩るこの門の片隅にも「不」型の記号が刻まれている。地面に近い場所である。

そのまま皇居外苑を一直線に北に向かい、江戸城の正門だった大手門《おおてもん》へ。ここにも水準点が刻まれている。そのまま皇居東御苑の入園標を受け取り、同心番所、百人番所を横目に見ながら、焼け焦げた巨石が痛々しい中雀門《ちゅうじゃくもん》を抜ければ本丸跡の広大な芝生が目を奪う。目当ては遠くに見える天守台だ。

徳川《とくがわ》家の去った江戸城は、皇居となった。しかしすでに火災で更地《さらち》と化していた本丸（皇居東御苑）が御殿として利用されることはなかった。ここはその代わり、市民に昼を告げる号砲

日比谷公園　烏帽子石㊤と亀石㊦に残る几号水準点（丸印）。どちらも別の場所から移された

を放った午砲《ごほう》が設置され、明治四年（一八七一）から昭和四年（一九二九）までの五〇年以上帝都に時を報《しら》せていた。そして見晴らしの利いた天守台には、三角点や水準点が設置された。天守台には現在も三等三角点があり、地形図には石垣上部の南東に三角点が設置されている。ただし手前に安全柵《さく》があるため、石垣の端にある三角点に近づくことはできない。それ以外に天守台上部にはなにも見当たらない。

桜田門の几号水準点は皇居外苑側にある

江戸城天守台の隅石に刻まれた几号水準点

田安門の几号水準点　何者かに破壊され、わずかに「不」の下半分のみ確認できる

水準点は天守台の上にはなかった。じつは几号水準点は、北東側の石垣の隅石の地面近くに刻まれたのだ。では、工部省の三角点の標石はどこにあるのか。じつはこれも愛宕山の三角点同様、今なお見つかっていない。一説には天守台近くの石柱がそうではないかともいう。

北桔橋《きたはねばし》で本丸を出て北の丸へ。戦前の北の丸は軍用地として

靖国神社大灯籠の几号水準点（丸印）

利用され、近衛《このえ》師団司令部もここに置かれていた。水準点は明治十一年に起きた兵士の反乱事件である竹橋《たけばし》事件の近衛兵の兵舎に近い旧竹橋門石垣にも刻まれている。

北の丸の北端、田安門《たやすもん》の外側にも几号水準点が刻印されている。しかし銃弾様の金属片が埋まっており、その周辺は円形にえぐれている。水準点の刻印が標的になったのだろうか？　残るのは一部だけだ。

田安門から九段坂《くだんざか》を登った靖国《やすくに》神社にも水準点がある。水準点は鳥居でもなく石垣でもなく、神門をくぐり抜けた先に建つ一対の灯籠《とうろう》の一方にある。灯籠の建立年はそれまでの招魂社《しょうこんしゃ》が靖国神社と改称された明治十二年となっているから、刻印はそれ以降らしい。

几号水準点はそのまま宮城県の塩竈《しおがま》まで続いている。その数じつに百数十ヵ所。数百キロメートルをつなぐ壮大な試みは、早くも明治初期に行われていたのである。

2
明治の五公園は今

東京の公園

東京都の公園面積（自然公園は除く）は、現在約七四・四平方キロメートルある。数字だけ聞いてもピンとこないが、これは東京ディズニーランド（〇・五一平方キロメートル）の約一四六個分に匹敵する。そのうち都市公園法に基づく都市公園は、七四〇三ヵ所、約五五平方キロメートルを占める。この面積を、多いと見るか少ないと見るかは人それぞれだろう。これだけ増えた都市公園も、そのはじまりは明治六年（一八七三）正月明け早々に発せられた一片の太政官布達《だじょうかんふたつ》だった。

明治六年に初めて公園指定を受けたひとつが上野《うえの》の山である。ここは江戸時代、全体が寛永寺《かんえいじ》の境域だった場所だ。寛永寺といえば、徳川将軍家の菩提寺《ぼだいじ》で、日光《にっこう》や比叡山《ひえいざん》をも統轄する天台宗最高の本山だった。いわば江戸最高の聖地が、なぜ公園に指定されたのか。そして寛永寺の境域であったはずの上野が、なぜ「恩賜《おんし》公園」となったのだろう。

清水観音堂は、京都の清水寺と同じ懸造（かけづくり）だ

遊興地、上野の山

上野の山は、江戸時代から桜の名所として知られた場所でもあった。ただし将軍家の菩提寺ということで音曲や飲食は禁止され、日没とともに門は閉じられた。なにかと制約の多い花見場所だったのである。

ただ、上野の山が庶民の遊興地としての側面を備えていたのも事実だった。清水《きよみず》観音堂、不忍池《しのばずのいけ》と弁天堂など、京都とその近郊そっくりの名所がこしらえられたのである。これらは、京都の清水寺《きよみずでら》、滋賀県の琵《び》琶湖《わこ》と竹生島《ちくぶしま》を模しており、手軽に京都の物見遊山気分を味わえるというわけなのだ。上野には大仏も建立されたが、当時は京都の方広寺《ほうこうじ》と東福寺《とうふくじ》に大仏があり、これも京都を意識した演出だった。なにより江戸の鬼門（北東）に建立された「東叡山《とうえいざん》」寛永寺の存在そのものが、京都の鬼門鎮護の目的をもつ比叡山延暦寺《えんりゃくじ》と対をなしていた。不忍池畔には、今のラブホテルとでもいえばいいのだろうか、出合《であい》茶屋が軒を連ね、町人だけでなく身分を隠した武家も通った。上野界隈《かいわい》は、聖と俗がほど

上野公園の変遷①　ちょうど第２回内国勧業博覧会が開催されていた（1/2万「東京府下下谷区及近傍市街村落」明治14.2　×1.5）

上野公園の変遷② 不忍池の一部は埋め立てられた。中央付近に見える「摺鉢山」は、前方後円墳の一部である（1/1万「上野」大正10年修正測図 ×0.75）

上野公園の変遷③　時代の変遷とともに、公園の姿が大きく変わったのがわかる（1/1万「上野」平成10年修正、「日本橋」平成10年修正　×0.75）

よく混在していた。

江戸時代の切絵図《きりえず》（江戸市街図）を見ると、上野の山には根本中堂《こんぽんちゅうどう》や釈迦堂《しゃかどう》、阿弥陀堂《あみだどう》、六角堂、多宝塔、吉祥院《きちじょういん》、大仏殿をはじめとする寛永寺の諸堂宇やおびただしい数の子院が並んでいる。どこをどう見ても大寺院の風格である。

しかし寛永寺の運命は慶応《けいおう》四年（一八六八）に大きく変わった。同年五月、新政府軍と彰義《しょうぎ》隊《たい》とが激突した上野戦争で、彰義隊の立て籠《こ》もった寛永寺は、根本中堂をはじめとする大伽藍《だいがらん》のほとんどを焼失してしまうのである。明治三年（一八七〇）、焼け野原となった上野の山に、

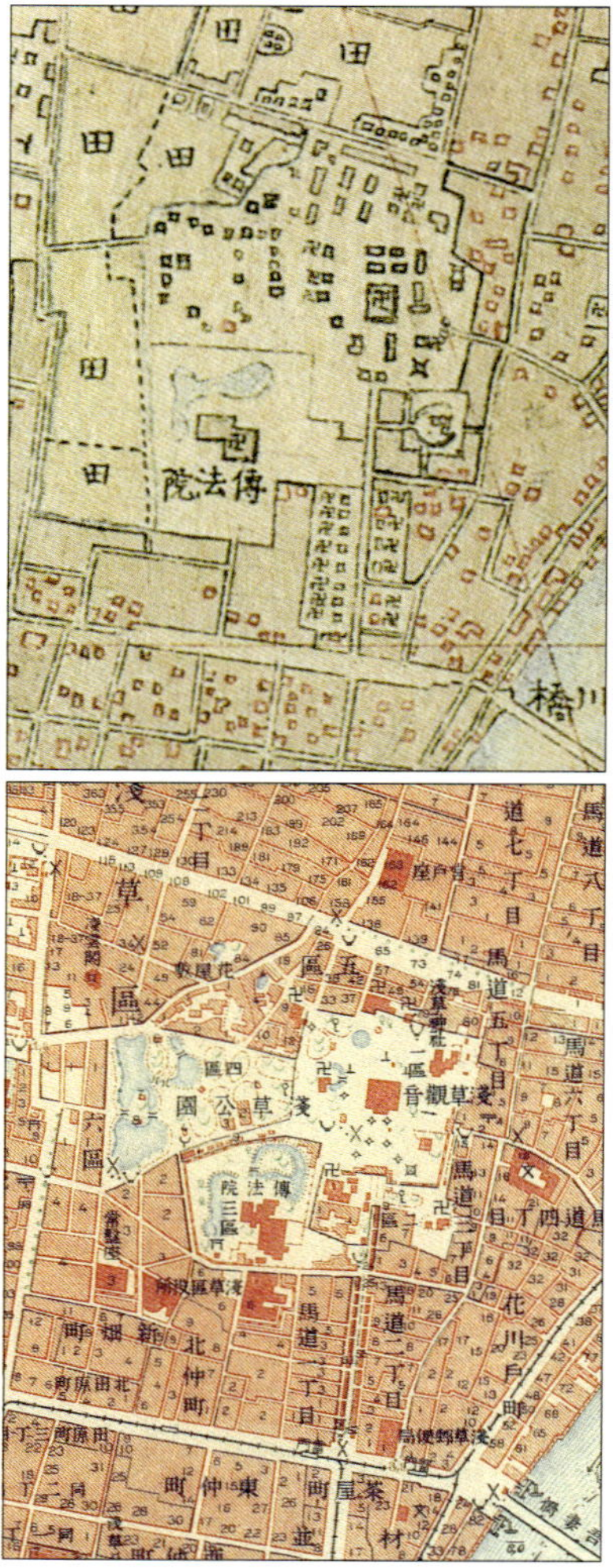

浅草公園の変遷①（㊤1/2万「東京府下下谷区及近傍市街村落」明治14.2　×1.5。㊦1/1万「上野」大正10年修正測図　×0.75）

医学校（東京大学医学部の前身）と病院を建設しようという構想がもちあがった。寛永寺は一山挙げて反対し、嘆願書を東京府に提出したが却下。病院の基礎工事がはじまった。だが、建設用地を視察したオランダ人医師ボードワンは、上野の自然を惜しみ、公園とするよう進言したという。ボードワンの提案がそのまま反映されたとは考えにくいが、紆余曲折《うよきょくせつ》の末、明治六年、上野山一帯は公園に選定されるにいたった。

浅草公園の変遷②（1/1万「上野」平成10年修正、「日本橋」平成10年修正　×0.75）

公園の誕生

このとき公園に選ばれたのは、上野のほか、浅草・芝・深川《ふかがわ》・飛鳥山《あすかやま》の各公園である。上野（寛永寺）・浅草（浅草《せんそう》寺《じ》）・芝（増上寺《ぞうじょうじ》）・深川（深川八幡《はちまん》〔富岡《とみおか》八幡宮〕）・飛鳥山（王子権現《おうじごんげん》〔王子神社〕）と、いずれももとは寺社の境内地だった。現代人がイメージする都市公園ではなく、芝生の園地のなかに伽藍が点在している奈良公園のような雰囲気に近い。

公園指定に先立つ明治六年（一八七

三）一月の太政官布達で初めて「公園」という言葉が登場した。この布達は、昭和三十一年（一九五六）に都市公園法が公布されるまで、なんと八〇年以上にわたり、唯一の公園関連の単独法令だった。太政官布達にはこうあった。

「三府ヲ始《はじめ》人民輻湊《ふくそう》ノ地ニシテ古来ノ勝区《しょうく》名人ノ旧跡等是迄《これまで》群衆遊観ノ場所（東京ニ於《おい》テハ金《きん》龍山《りゅうざん》浅草寺、東叡山寛永寺境内ノ類、京都ニ於テハ、八坂《やさか》社、清水ノ境内、嵐山《あらしやま》ノ類、総《すべ》テ社地境内除地《よけち》或《あるい》ハ公有地ノ類）、従前高外除地ニ属セル分ハ永ク万人偕楽《かいらく》ノ地トシ公園ト可被相定《あいさだめらるべき》ニ付《つき》府県ニ於テ右地所ヲ択《えら》ヒ其景況巨細取調、図面相添ヘ大蔵省ヘ可伺出事《うかがいいずべきこと》」

ここでいう「公園」とは、英語のparkを翻訳した造語であり、それまで日本には、遊園という言葉はあっても公園という言葉は存在しなかった。一般の人が公園という言葉を耳にしたのはこのときが初めてである。明治六年の布達は、近代化の一環であるとともに、旧来の遊興地保護という意味合いもあったらしい。

五公園の面積は、広い順に上野公園（約二五万二〇〇〇坪〔約八三万平方メートル〕）、芝公園（約一六万八五〇〇坪〔約五六万平方メートル〕）、浅草公園（約六万七八〇〇坪〔約二二万平方メートル〕）、深川公園（約一万九三〇〇坪〔約六万平方メートル〕）、飛鳥山公園（約一万三五〇〇坪〔約四万平方メートル〕）である。ほぼ公園のもととなった寺社の境内域と合致しており、従来の境内を引き継いで園地として整備するものであったことがわかる。なお、各寺社の境内は、明治に入ると強制的に召し上げられ、官有地とされていた。

園地への編入もずいぶん強引だったり曖昧《あいまい》だったりした面があったようで、各寺社は旧境内を召し上げられたうえ、借地代を納入しなければならなかった。しかも増上寺の五重塔（戦災で焼失）や台徳院《たいとくいん》（二代将軍徳川秀忠《ひでただ》）霊廟《れいびょう》の天人門《てんにんもん》（戦後、狭山不動寺《さやまふどうじ》に移築）などは、公園財産に編入されていた。明治十年代に作成された二万分一図には、江戸時代のままの伽藍が並ぶ境内に、「公園」の文字が躍っている。

国家の祝祭空間

上野戦争で伽藍が焼失した上野の山は、明治三年（一八七〇）以降文部省と陸軍省の所管となっていたが、明治六年からは文部省と東京府の管理に移された。このとき、東京府の用地に公園を造成し、文部省の用地には博物館や図書館を建てることになった。博覧会開催をひかえた明治九年からは、ほぼ全域が内務省博物局の所管となり、明治維新以降建てられた花見茶屋は完全に撤去され、馬車道、便所、腰掛け（ベンチ）が整備されたほか、桜の若木が植えられている。

明治九年五月には、上野公園開園式が、天皇・皇后の臨席のもとで挙行されたが、まだ園内の整備ははじまったばかりだった。上野公園の性格を決定づけたのは、翌明治十年八月からの第一回内国勧業博覧会の会場となったことである。このときから、明治六年選定の五公園のうち、上野公園だけが国家直轄の都市公園としての性格を強めるのである。

内国勧業博覧会は、明治六年のウィーン万国博覧会を参考に、内務卿《ないむきょう》の大久保《おおくぼ》利通《としみち》が推進したものである。寛永寺旧本坊（今の東京国立博物館付近）約一〇万平方メートルが会場にあてられ、美術本館・農業館・機械館・園芸館・動物館が建てられた。焼け残った旧本坊の表門（通称「黒門」、寛永寺に移築され現存）の上には時計台が造られた。公園入り口には高さ約一〇メートルのアメリカ式風車が建設され、地下水を汲《く》み上げ、その水を日本初の洋式噴水に利用している。上野東照宮前から会場にかけては数千個の提灯《ちょうちん》が灯《とも》された。すべてが日本初の試みである。

明治十年二月に西南戦争が勃発《ぼっぱつ》したとき、明治天皇は関西の鉄道開業式に行幸しており、政府要人とともにずっと京都御所に臨御していた。しかし天皇は脚気《かっけ》を発症し、侍医の勧めで七月末に東京に戻ったため、八月二十一日の内国勧業博覧会開会式に臨席することができた。博覧会の会期は、十一月三十日までのわずか一〇二日間だったが、それでも四五万人以上を集めている。当時の東京の人口が六〇万人ほどだったことを考えれば驚異的といっていい。

その後も明治十二年のアメリカ前大統領グラントの歓迎式典や第二回内国勧業博覧会（明治十四年）、上野動物園開業（明治十五年）など、天皇は折々に上野に行幸している。第二回内国勧業博覧会と同時期に参謀本部測量課が二万分一図を作成しているが、江戸時代にあった寺院建築はすっかり姿を消し、中心部には博覧会陳列場の文字と陳列場の大きな建物が描かれている（一五ページ参照）。はしなくも上野の激動をはっきりと映している。

なお、上野公園は、第二回内国勧業博覧会のさい、博物局の所管替えにともない農商務省所管となったが、明治十九年には宮内省に移された。宮内省から皇室財産の上野御料地となるのは明治二十三年である。御料地となったのちも、上野公園では日清《にっしん》戦争戦捷《せんしょう》祝賀会（明治二十七年）や日露《にちろ》戦争祝捷《しゅくしょう》東郷《とうごう》大将等凱旋《がいせん》大歓迎会（明治三十八年）、奠都《てんと》五十周年奉祝博覧会（大正六年〔一九一七〕）、平和記念東京博覧会（大正十一年）が催された。上野公園は国家的祝祭空間と位置づけられていた。

明治三十二年に成立した「国有土地森林原野下戻《したもどし》法」を根拠に、浅草寺や増上寺などの寺社は東京市に旧境内地の返還を求めた。明治四十一年に東京市は不許可としたが、その後の行政裁判ですべて寺社側が勝訴し、全体が官有地とされていた園地の各寺社への返還が、明治末までに行われた。たとえば浅草寺においては、明治維新以前に一一万四五〇〇坪あまりあった寺の地所のうち、本坊の伝法院《でんぽういん》の約六五〇〇坪以外の土地が召し上げられ、官有地となってしまっていたのである。ただ、寺社側が望んでいた公園の廃止は実現せず、社寺所有地についても公園として管理することがその後も維持されていた。

大正・昭和初期の上野公園

大正十二年（一九二三）九月、関東大震災で東京の下町は焦土と化した。上野公園内では大仏の首が落ち、徳川家霊廟の石灯籠などが倒れたが、被害程度は軽微だった。からくも園内が類焼を免れたのは、上野警察署員や寛永寺僧侶《そうりょ》、上野精養軒《せいようけん》の社員などが総出で防火に努めた結果だった。浅草公園の場合は、界隈は焼失したものの、浅草神社や浅草寺の伽藍はほぼ無事だった。そのため、上野公園や浅草公園は下町の罹災者《りさいしゃ》の避難場所として利用されていた。ただ、五公園のうち、深川公園は、富岡八幡宮の社殿など園内の建物がことごとく焼失。このとき紀伊国屋文左衛門《きのくにやぶんざえもん》が寄贈した金張りの神輿《みこし》も失われた。

今も残る旧寛永寺坂駅駅舎㊤と旧博物館動物園駅駅舎　いずれもホームは地下にある

翌大正十三年一月、皇太子（昭和天皇）成婚を記念して、東京市内の上野公園、芝離宮、猿《さる》江《え》御料地が東京市に下賜されて、それぞれ恩賜公園となった。寛永寺境内だった上野の山が「恩賜公園」となっているのは、このときの経緯があるからである。昭和に入った上野公園は、かつて根本中堂のあった竹の台に芝生広場を設けたり、不忍池にボートを浮かべるなど、公園整備を進めた。昭和七年（一九三二）には上野駅舎（現存）も落成し、翌昭和八年には京成《けいせい》電

明治初期の上野大仏（長崎大学附属図書館蔵）

現在の大仏の「顔」 天保14年（1843）の作である

鉄が日暮里《にっぽり》から上野公園（現京成上野）に乗り入れるなど、交通の便が改善された。途中の寛《かん》永寺坂《えいじざか》駅と博物館動物園駅《はくぶつかんどうぶつえん》は営業休止となったが、今も駅舎は残り、往時の面影を伝えている。

しかし昭和十年の「明治天皇行幸六十年記念祭、上野懐古展」を最後に上野での大きな行事は途絶えた。これはこれまで上野で挙行されてきた国家的祝祭が、新たに整備された宮城外苑（現皇居外苑）などで行われるようになったことも影響していた。

昭和十年代後半になると、東京にも戦争の影は少しずつしのびよっていた。昭和十六年九月に金属類回収令が施行されると、上野公園では人止め用鉄柵や鎖などの金属が回収された。首が落ちた大仏も供出の憂き目を見た。ただ、顔だけは、寛永寺の僧侶が境内の檜《ひのき》にくくり付けて隠したため、鋳つぶされずにすんだ。

恩賜上野動物園にパンダが初来園した昭和四十七年には、かつて大仏が鎮座していた丘（通称大仏山）のパゴダの脇に「顔」が安置された。最近では、すでに頭部が落ちて顔だけとなったため、これ以上落ちることがないことから、「落ちない大仏」「合格大仏」として受験生にも人気だ。

昭和十六年十二月に対米戦争がはじまると、空襲に備え、帝室博物館の展示品も分散して疎開することになった。昭和十八年八月には動物園の猛獣二七頭（毒蛇二尾含む）は殺処分となる。昭和十一年に上野動物園から黒豹《くろひょう》が脱走した事件が起こっていたため、猛獣脱走の可能性は現実味を帯びていたのだ。不忍池は水が抜かれて水田になり、空き地という空き地には農園が作られ、サツマイモやカボチャ、雑穀類が栽培された。上空から見ると飛行機を模した科学博物館の建物付近には地下壕《ちかごう》が構築されて、高射砲部隊の通信隊が入った。公園中央の竹の台と二本杉原《にほんすぎはら》（現東京都美術館）のあたりには高射砲が据えられた。公園の南側には市民用の防空壕《ぼうくうごう》もたくさん築造されている。視界を遮る樹木は伐採され、薪炭や木棺などを作るのに使われた。

昭和二十年三月十日の東京大空襲以降、東京の公園や空き地や寺の境内は戦災で死亡した市民の仮埋葬場となった。その数七一ヵ所、埋葬遺体は七万八六一八（前島康彦『東京公園史話』による）にのぼった。上野公園では、園内北東隅（現忍岡《しのぶがおか》中学校校地）が仮埋葬場所となっている。

芝公園の盛衰

戦後、公園のあり方が問題となった。日本国憲法第八九条にある、宗教団体への公金の支出禁止規定により、社寺所有地を公園として管理することが不可能となったからだった。このため明治六年（一八七三）に公園指定された五公園についても見直しが行われた。浅草公園は廃止となり、深川公園、芝公園も指定区域が大幅に減少され、公園地はまだら状に点在するだけになってしまった。寺社と園地が渾然一体《こんぜんいったい》となった昔日の面影はまったく失われたのである。地図を見るかぎり、戦前の方が公園としてのまとまりはよかったという気がしなくもない。

芝公園の変遷①　徳川家の霊廟が並んでいるようすがよくわかる
（1/1万「新橋」大正10年修正測図、「三田」大正14年部分修正　×0.75）

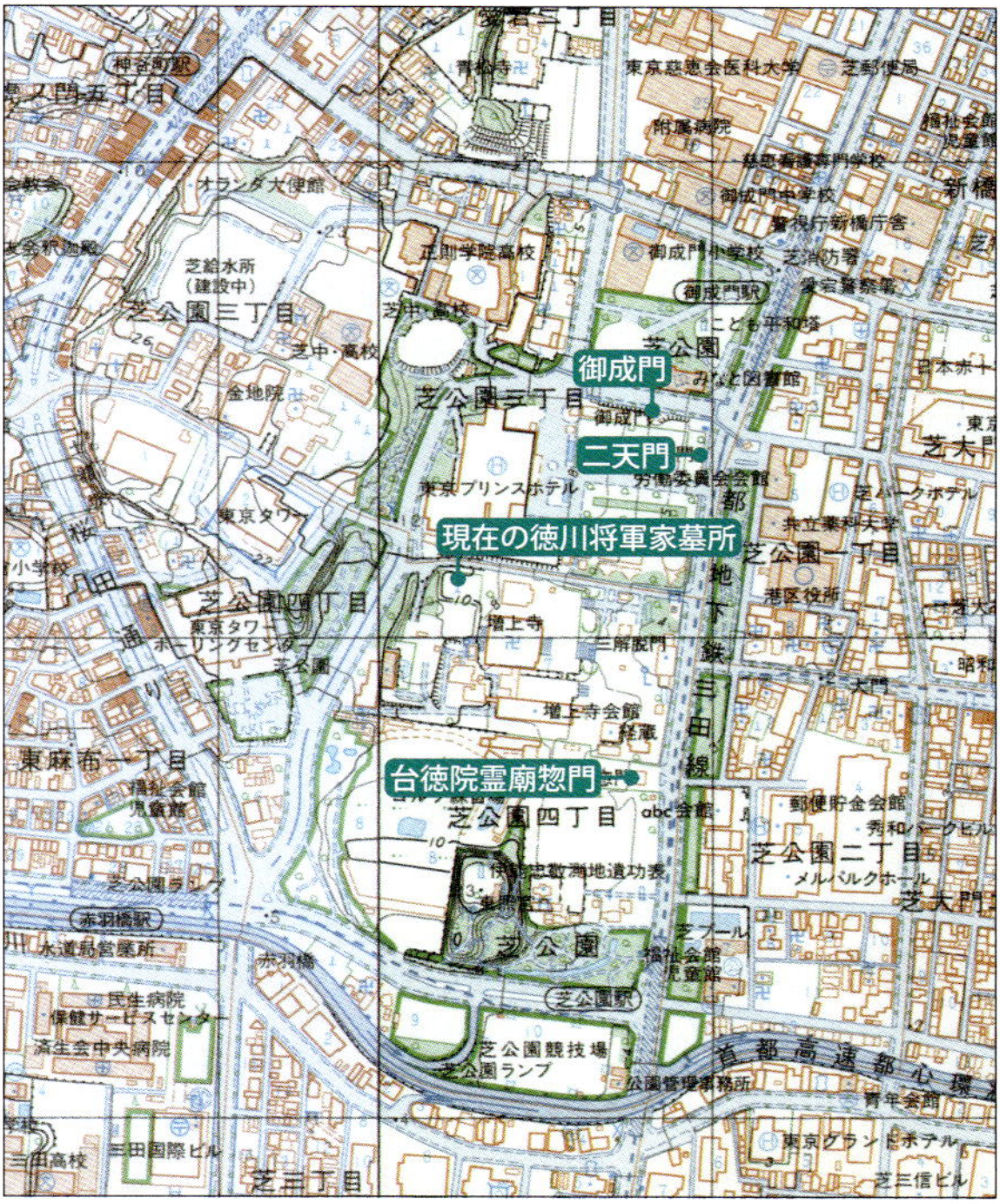

芝公園の変遷②　東京タワー付近も増上寺の旧境内に含まれていた
（1/1万「新橋」平成11年修正、「渋谷」平成11年修正　×0.75）

五公園のうちもっとも複雑な経緯をたどったのが芝公園である。現在、芝公園という名称は残るが、園地は細切れに分断されており、まとまった形の「芝公園」というのは存在しない。最盛期に五六万平方メートルあった芝公園の敷地は、現在四分の一以下の一二万平方メートルしかない。しかも用途はまちまちで統一したコンセプトは見られない。もともと旧境内を公園指定したこと自体に無理があったわけだが、増上寺境内のほとんどが戦災で焼失してしまっていたことと、戦後の旧境内返還トラブルが二重の悲劇を生んだ。

増上寺も戦後、明治初頭に官有地として召し上げられた境内地が返還となったのだが、徳川家霊廟の扱いが問題となった。増上寺は霊廟も境内の一部だとして土地登記したが、徳川家はこの土地を自家のものとして国土計画興業（国土計画、コクドと社名を変更し、平成十八年〔二〇〇六〕にプリンスホテルに吸収）に売却。戦後の混乱もあって土地が二重登記状態となってしまったのだ。

当時の境内の荒れようを象徴するのが、昭和二十一年（一九四六）八月、小平《こだいら》事件として知られる殺人事件の現場となったことである。遺体は境内裏山の草むらに放置され、約一〇日後、人の高さほどに生い茂った雑草を刈り取っていた作業員に発見されるまでわからなかった。

徳川霊廟の土地売却をめぐる一件は裁判にもちこまれたが、和解が成立する。和解条件はつまびらかでないが、大半の土地を獲得したのは国土計画興業だった。かくして、昭和二十年五月まで将軍の霊廟が整然と並んでいた深閑とした境域はすっかり趣を変え、東京プリンスホテルと芝ゴルフ場（現ザ・プリンス　パークタワー東京）の用地となった。ホテル近くにぽつんと台徳院霊廟惣門《そうもん》と有章院《ゆうしょういん》（七代将軍徳川家継《いえつぐ》）霊廟二天門《にてんもん》が建っているのは、かつてここが将軍の霊廟だったからだ。東京プリンスホテルの駐車場に隣接して建つ有章院霊廟二天門と御成《おなり》門《もん》の塗装はすっかり剝落《はくらく》しており、無残である。明治以降の増上寺がたどった辛《つら》く痛ましい歴史を思う。

台徳院惣門㊤、有章院二天門㊥、御成門㊦　台徳院惣門は最近修復されたが、二天門と御成門は荒れはてた姿で、正視するに忍びない

深川公園と飛鳥山公園

深川公園は、もともと深川八幡（富岡八幡宮）の境内だったところだが、明治四年（一八七一）に全体が召し上げられて公園となった土地だった。明治四十四年に神社が起こした行政訴訟に勝訴して、神社の土地は返還され、戦後は宗教色のない公園部分について東京都と賃貸契約を結んでいる。現在ではそれぞれの寺社地と小さなグラウンドや児童公園となっているが、震災や戦災を経て、その間には家屋が建て込み、往時の面影はまったく失われている。

飛鳥山は、八代将軍徳川吉宗《よしむね》が整備したことで知られ、江戸随一の桜の名所となった。旧園

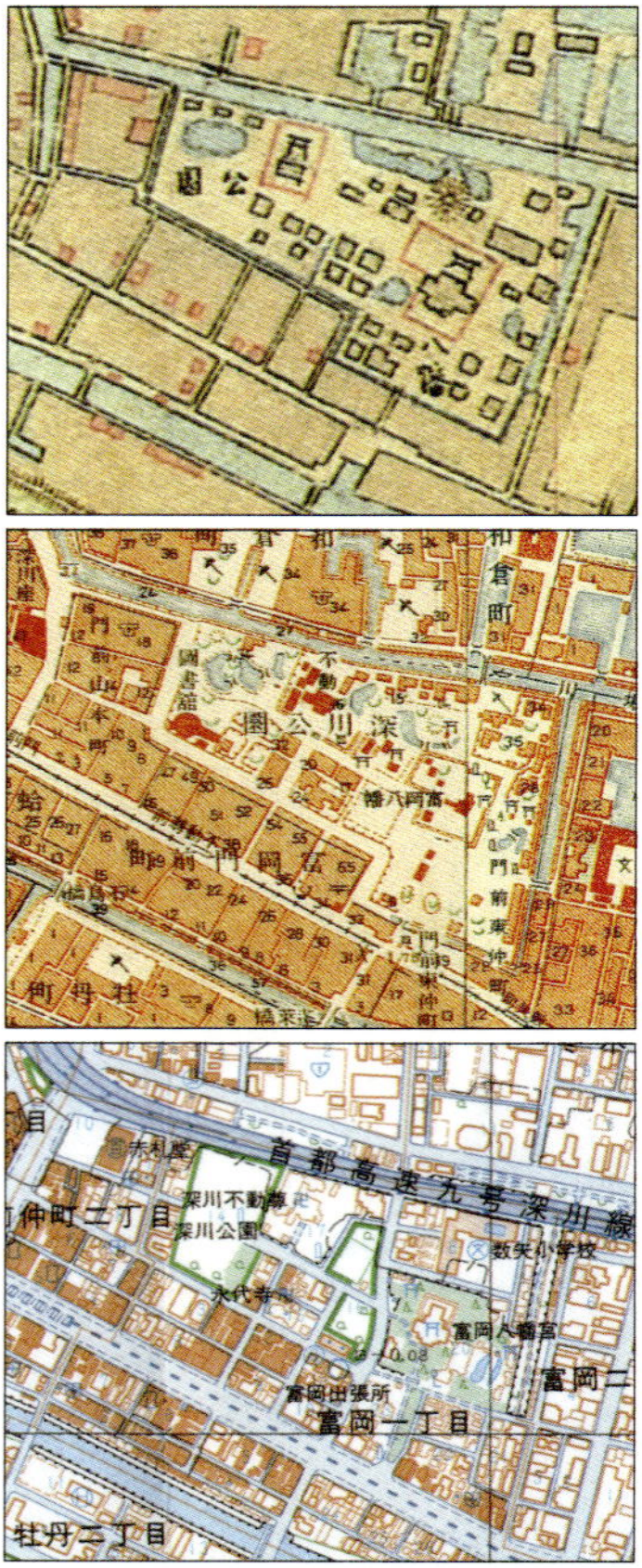

深川公園の変遷　上図右端は三十三間堂跡（第３章参照）（㊤1/2万「東京府深川区及近傍市街」明治14.2　×1.5。㊥1/1万「日本橋」大正10年修正測図、「深川」大正10年修正測図　×0.75。㊦1/1万「日本橋」平成10年修正　×0.75）

地を管理していた別当寺が明治維新で廃されたこともあって、早い時期から宗教色のない公園となった。だが、それがために時局の影響を受けやすく、昭和十二年（一九三七）には山腹を均《なら》してグラウンドが造成されたり、昭和十九年には防空壕が造成されるなどしている。十一代将軍徳川家斉《いえなり》が寄進した王子権現（王子神社）の社殿は昭和二十年四月の空襲で焼失した。平成二十一年（二〇〇九）には無料のモノレールが運行をはじめている。スカイエレベーターとでもいうべきものだが、曜日を問わず人気を集めている。

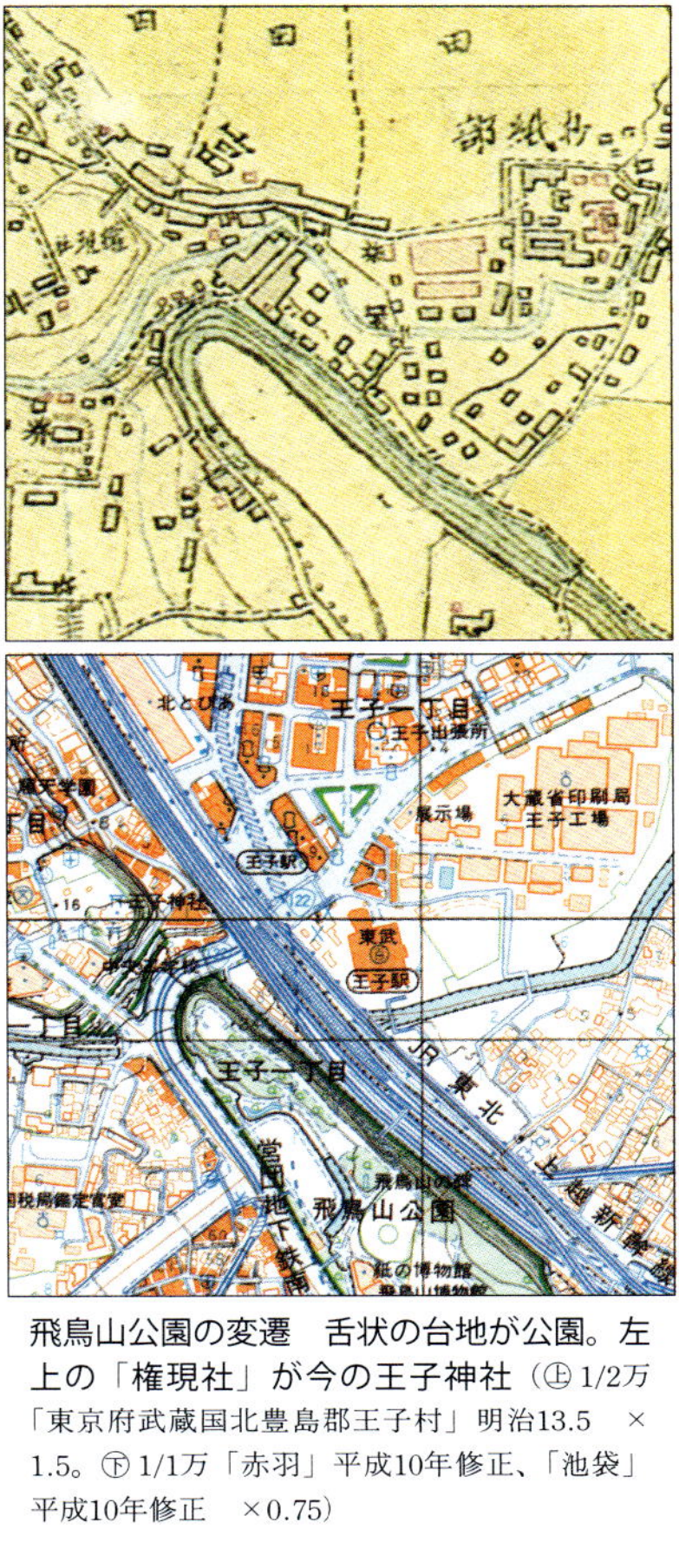

飛鳥山公園の変遷　舌状の台地が公園。左上の「権現社」が今の王子神社（㊤1/2万「東京府武蔵国北豊島郡王子村」明治13.5　×1.5。㊦1/1万「赤羽」平成10年修正、「池袋」平成10年修正　×0.75）

上野公園の今

さて、上野である。震災と戦災を経た今では、園内に江戸を偲《しの》ばせるものは少ないが、それでも東照宮、旧寛永寺五重塔、清水観音堂、大仏の顔が残っている。現在進行中の「上野恩賜公園再生整備事業」では、公園の南西側を「歴史資源エリア」として、江戸の名所の景観を再現するのだという。

上野公園がごちゃごちゃした印象を与えるのは、江戸時代、明治時代、戦後と、幾度も別のコンセプトで公園整備されたことが大きいのではないか。しかもその間に、関東大震災と戦災

ボードワン胸像 「弟」の銅像は、初代の神戸駐在領事だった縁から、神戸のポートアイランド北公園に移された

上野公園旧寛永寺五重塔 江戸時代は東照宮が管理。現在は動物園の園内にある

の混乱を挟んでいる。その結果、寺社建築や、美術館、博物館、動物園などが、統一感なく無秩序に配置されているのが現状である。そうした印象を助長しているのは、動線の混乱であろう。本来の公園入り口が、寛永寺の境内であった江戸時代と同じく上野広小路《ひろこうじ》側にあり、動線が公園南側から北の国立博物館に向かうように設計されているのにもかかわらず、ほとんどの来場者は東側の上野駅公園口から西に向かって入場してくるためである。

上野公園の竹の台近くに、ぽつんと銅像が立っている。上野を公園にするよう訴えたボードワンの銅像である。昭和四十八年（一九七三）にボードワンの故国オランダ政府が寄贈したもので、かつては豊かな顎鬚《あごひげ》を蓄えた老齢の胸像があった。だが、昭和五十九年になって、これは本人ではなく弟の写真をもとに制作したことが判明する。それから四半世紀を経た平成二十一年（二〇〇九）にようやく作り直されたといういわく付きのものだ。ボードワンの銅像をめぐる一連のどたばたも、上野恩賜公園がたどった一世紀にわたる混乱を表している気がしないでもない。

3 市営霊園の誕生と発展

寺院墓地から公営墓地へ

現在の都営霊園が生まれたのは明治時代である。都営霊園の歴史はそのまま東京の近代史と重なるといってもいい。

江戸時代、今のような公営霊園というものは存在しなかった。キリスト教を厳しく弾圧した幕府は、寺請《てらうけ》制度を設け、目を光らせていた。この制度により、人々は必ず幕府の認めた寺院の檀家《だんか》にならなければならなかったのである。これは仏教徒以外の儒学者も神職も例外なく従うことを強制された。宗門人別 改 帳《しゅうもんにんべつあらためちょう》が戸籍制度を兼ねていたといわれるゆえんである。こうして人々を縛りつける寺請制度は、幕藩体制の維持に大きな役割を果たしていた。

ところが、江戸時代も末期になると、国学隆盛の風潮を背景に、神道を自立させたいとする国学者たちは、寺請制度をも突き動かした。彼らは、京都の神職吉田《よしだ》家の末流となり、吉田家から切支丹《きりしたん》ではないという証文を出してもらい、神道式の葬祭の許可を得るにおよんだ。それまでは、神職や儒家の葬儀も仏式にかぎられていたのである。

明治維新後、王政復古の旗印の下で神仏分離令が出ると、激しい廃仏毀釈《はいぶつきしゃく》の波が各地に押し寄せた。各地で寺院や仏像が破壊されたり、僧侶が還俗《げんぞく》するなどの出来事が頻発していた。長年仏教に従属的だった神道は、急速に地位を獲得していく。神道優位のあらわれとして、明治四年（一八七二）には、それまでの宗門人別改帳に代わり「氏子調《うじこしらべ》」が行われるようになった。氏子制度が全国的にはじまったのは、じつはこのときからだったのである（同六年五月中止）。

また、神道による葬祭も制約がなくなり、明治五年七月、政府は青山百人町《あおやまひゃくにんちょう》続きの足《た》シ山（立山《たてやま》）と渋谷《しぶや》羽根沢《はねざわ》村に神葬墓地を定めている。同年十一月には、青山の旧郡上《ぐじょう》藩邸、雑司《ぞうし》ヶ谷《がや》の御《お》鷹部《たかべ》屋《や》跡、上駒込《かみこまごめ》村染井《そめい》の旧播磨《はりま》林田《はやしだ》藩邸、深川数矢町《ふかがわかずやちょう》の三十三間堂跡が追加されている。余談ながら、深川数矢町の三十三間堂跡とは、江戸時代初期に京都の三十三間堂を模して建てられた三十三間堂で、江戸名所のひとつだったが、このときに取り壊されている。所在地の数矢町の名は、通し矢が名物となっていたことにちなんでいた。これも京都の三十三間堂にならったものである。現在、三十三間堂跡には小さな石碑が立っているが、ここも明治時代は墓地だったのである。三十三間堂の細い敷地がそのまま墓地となったようすは、地図にも記録されている。今の富岡《とみおか》二丁目界隈である。

その後、明治二十二年には、初の都市計画法令である「東京市区改正条例」に基づき、青山（赤坂《あかさか》区青山南町）、渋谷（南豊島《みなみとしま》郡渋谷村）、雑司ヶ谷（北豊島郡高田《たかだ》村）、染井（北豊島郡染井村）、谷中《やなか》（下谷《したや》区谷中村）、亀戸《かめいど》（南葛飾《みなみかつしか》郡大島《おおじま》村）の各墓地が、「市区改正設計共葬墓地」に指定されている。なお、ここでいう市区とは、田区《でんく》に対応する当時の用語で、都市部を意味する用語である。その一方で、深川などの面積の狭い墓地は、整理廃止と決まった。たとえば三十三間堂の長い堂宇の形そのままだった深川墓地の細長い敷地のうち、北側には大正二年（一九一三）に数矢尋常小学校（現在の数矢小学校の校地とは異なる）が開校し、南側は民間に分与され

深川墓地跡　現在は三十三間堂跡の石碑が立つ

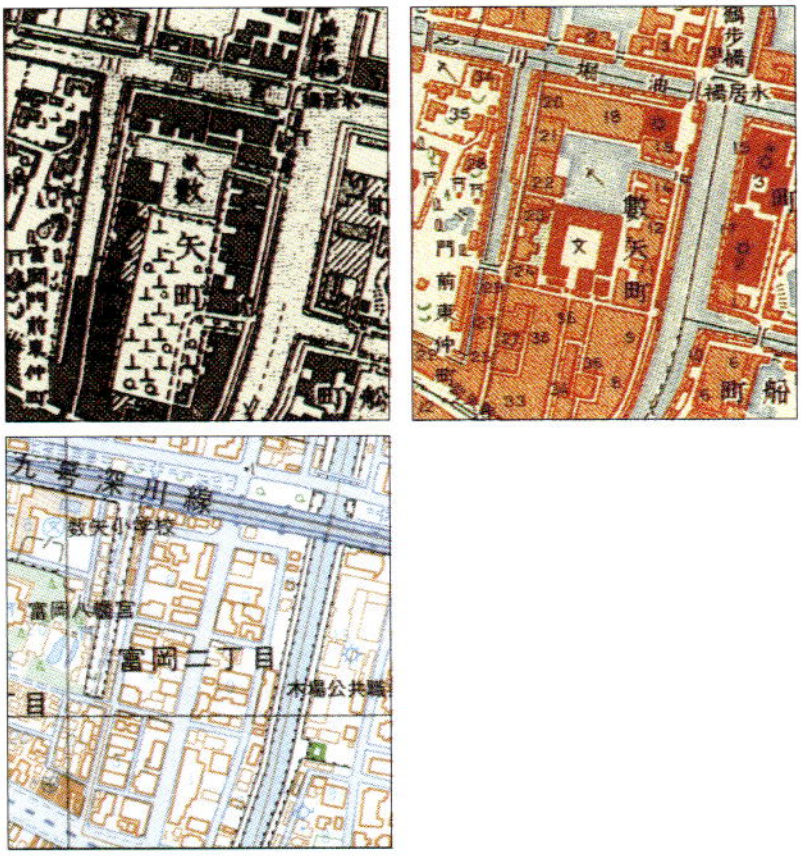

深川墓地　三十三間堂の跡地は短冊状の空き地となり、墓地用地となる。現在は事務所や住宅が並ぶ（㊧ 1/1万「深川」明治42年測図　×0.75。㊨ 1/1万「深川」大正10年修正測図 ×0.75。㊦ 1/1万「日本橋」平成10年修正　×0.75）

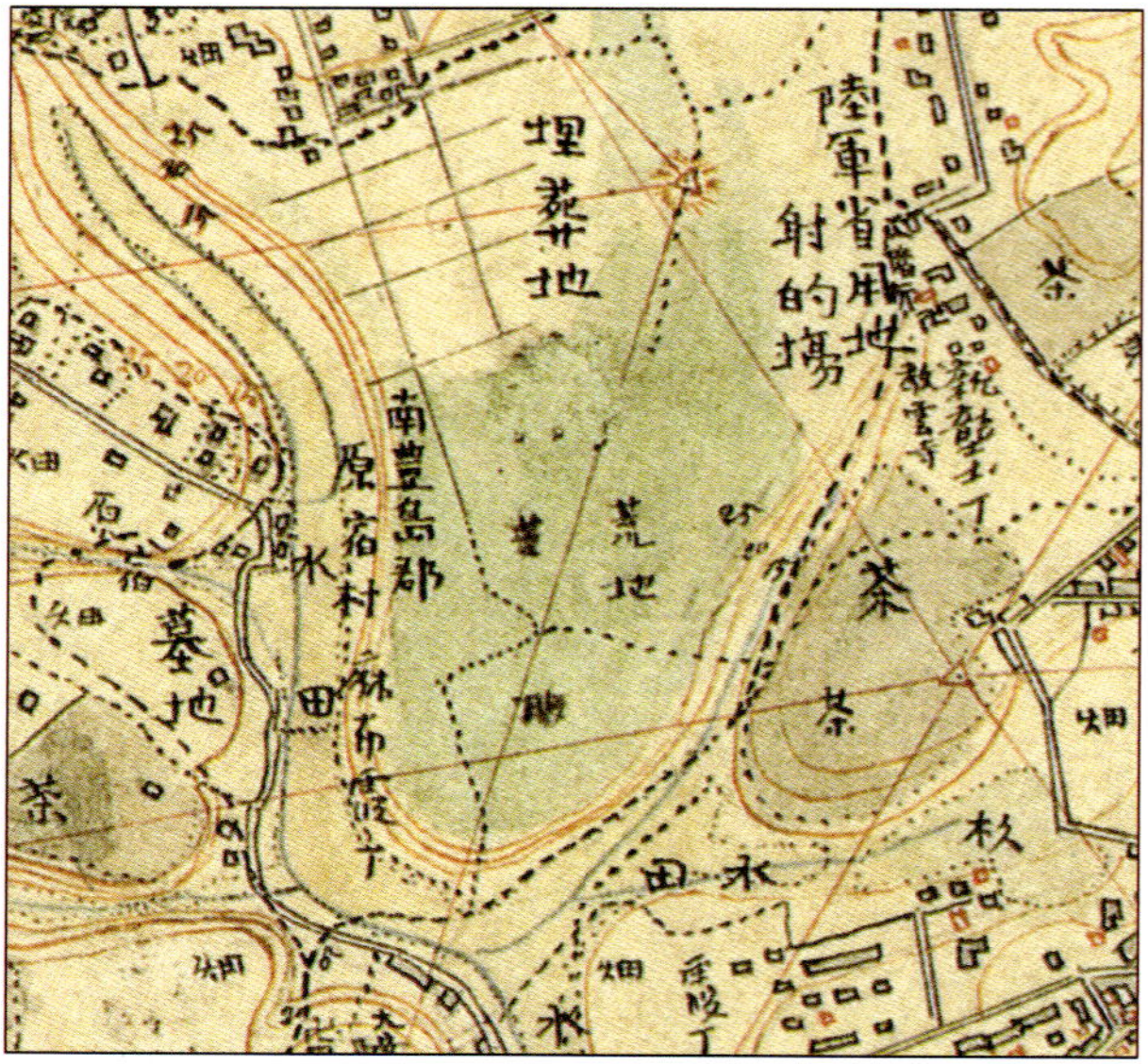

青山霊園の変遷①（1/2万「東京城南芝麻布及赤坂区近傍」明治14.2　×1.5）

た。墓地の廃止が決まってから、数矢尋常小学校の開校まで二五年を要している。その間紆余曲折があったにちがいない。墓の移転は遺族感情などもあり、昔も今も非常に難しいのである。

　このとき施行された東京市区改正条例の主眼は、東京市内の道路・公園・上下水道・鉄道などの整備であった。具体例が、「東京市区改正設計ノ内、道路、河川、橋梁《きょうりょう》、鉄道、公園、魚市場、青物市場、獣畜市場、屠場《とば》、火葬場、墓地ノ部ヲ定ム」として、東京府告示（第三七号）でこまごまと列挙されている。そのなかに墓地整備も含まれていたのだ。注目すべ

青山霊園の変遷②　現在の空中写真は第７章に掲載（1/1万「三田」大正14年部分修正　×0.75）

きは整備する墓地を列挙したあと、「右ノ外《ほか》十五区内朱引《しゆびき》（旧江戸町奉行所管内）内ノ墓地及朱引外ト雖《いえど》モ市街ニ接近散在スル千坪未満ノ小墓地ハ、私有墓地其他《そのほか》特別ノ由緒アル墓地ヲ除クノ外、漸次他ニ移転セシムルモノトス」という文言《もんごん》を明記したことである。このとき東京市内に散在する小規模墓地整理の方針が打ち出されたことを意味する。

東京への人口集中は加速度的に増し、墓地周辺も市街化されていった。とくに中心部に近い青山墓地と谷中墓地は、明治半ばには周囲を市街地に囲まれていた。こうしたなか、明治四十四年には青山

青山墓地は、昭和10年に青山霊園と改称

墓地の移転に関する建議が東京市会に提出され、全会一致で可決されている。その提案理由には、「青山墓地ハ広袤《こうぼう》十万町歩ニ亘《わた》リテ市街地ヲ占領シ、埋葬人員四万四千、墓標ノ石数一万九千余ヲ算ス。明治七年太政官布達当時此《この》方面ハ所謂《いわゆる》朱引外ナリシモ、現在ハ人家稠密《ちゅうみつ》ニシテ、純然タル商業地域ナリ。従ツテ衛生上・経済上・体面上、其他何《いず》レノ方面ヨリ見ルモ都会ノ斯《かか》ル中心ニ墓地ヲ介在セシムルコトハ有害無用ノ事ニ属ス。欧米諸国ニ於テモ繁華ナル都会ニ、生ケル人ト死セル人トヲ雑居セシムルコトハ、都市政策上之《これ》ヲ許サズ、多クハ墓地ヲ市外ニ設ケテ保健衛生上ノ実ヲ挙ゲツツアリ」とあった。

多磨霊園の開設

東京市区改正条例の施行からちょうど三〇年後の大正八年（一九一九）には都市計画法が公布され、時を同じくして、青山墓地などが都市計画墓地に指定された。このころ、東京の急激な発展により、既存の公営墓地は四つともすべて満杯という事態を迎えてしまったのである。

こうした状況を受けてであろう。大正八年六月、「東京市墓地 並《ならびに》施設設計」が策定されている。当時の東京市の過去一〇年の人口の増加数と死亡者数などをもとに、市営墓地に関して今後三〇年の必要坪数に市内の墓地移転先として必要な坪数を加え、向こう三〇年で五五万七三三七坪、五〇年で一〇八万七三八九坪（約三五九万平方メートル）の確保が必要と算出していた。これは、東京ディズニーランドの約七倍におよぶ広大な面積である。

そのうえで新たな墓苑《ぼえん》の条件を「大東京の東、北、西の郊外地にして土地高燥、国道、県道、鉄道に近接のところを選び、各三十万坪とし、その買収価格を四円以下、地主の承諾を得やすきところとす」とした。

八柱霊園には、壁墓地や芝生墓地も多い

この計画がそのまま新墓地計画に生かされたわけではない。だが翌大正九年十二月、南満洲《みなみまんしゅう》鉄道（満鉄）総裁や鉄道院総裁、内務大臣などを歴任した辣腕《らつわん》の後藤新平《ごとうしんぺい》が東京市長に着任したことで、市営墓地の新設も積極的に進められることになった。こうして大正十二年には東京西郊の北多摩《きたたま》郡多磨《たま》村（現府中《ふちゅう》市）周辺に多磨墓地（昭和十年〔一九三五〕に多磨霊園と改称）が開設され、その後も昭和十年には東京東郊の千葉県東葛飾《ひがしかつしか》郡八柱《やはしら》村（現松戸《まつど》市）に八柱霊園が、戦後の昭和二十三年には東京北郊の北多摩郡小平町《こだいらまち》（現小平市）周辺に小平霊園が、相次いで開設されている。余談ながら、東

多磨霊園の変遷①　多磨墓地が開設されて間もないころ。現在多磨霊園には50万人が眠っている（1/2.5万「吉祥寺」昭和２年修正測図　×0.75）

京東郊墓地については千葉県内の八柱村と鎌ヶ谷《かまがや》村（現鎌ヶ谷市）が争ったが、買収条件の悪い八柱村に決定した背景には、予定地の地主と当時の東京市助役が姻戚《いんせき》関係にあったからだと噂《うわさ》された（『松戸市史』による）。

名誉霊域の三人

新しく公園墓苑という設計思想のもとに、東京郊外に開園したのが多磨霊園である。拡張された現在の総面積は一二八万二三七平方メートル（約三九万坪）と、その後の都営霊園を含めてもいちばん広い霊園である。かつて広大さを謳《うた》われた郡上藩邸の後身である青山霊園の現在の広さが二六万三五六四平方メートル（約八万坪）だから、

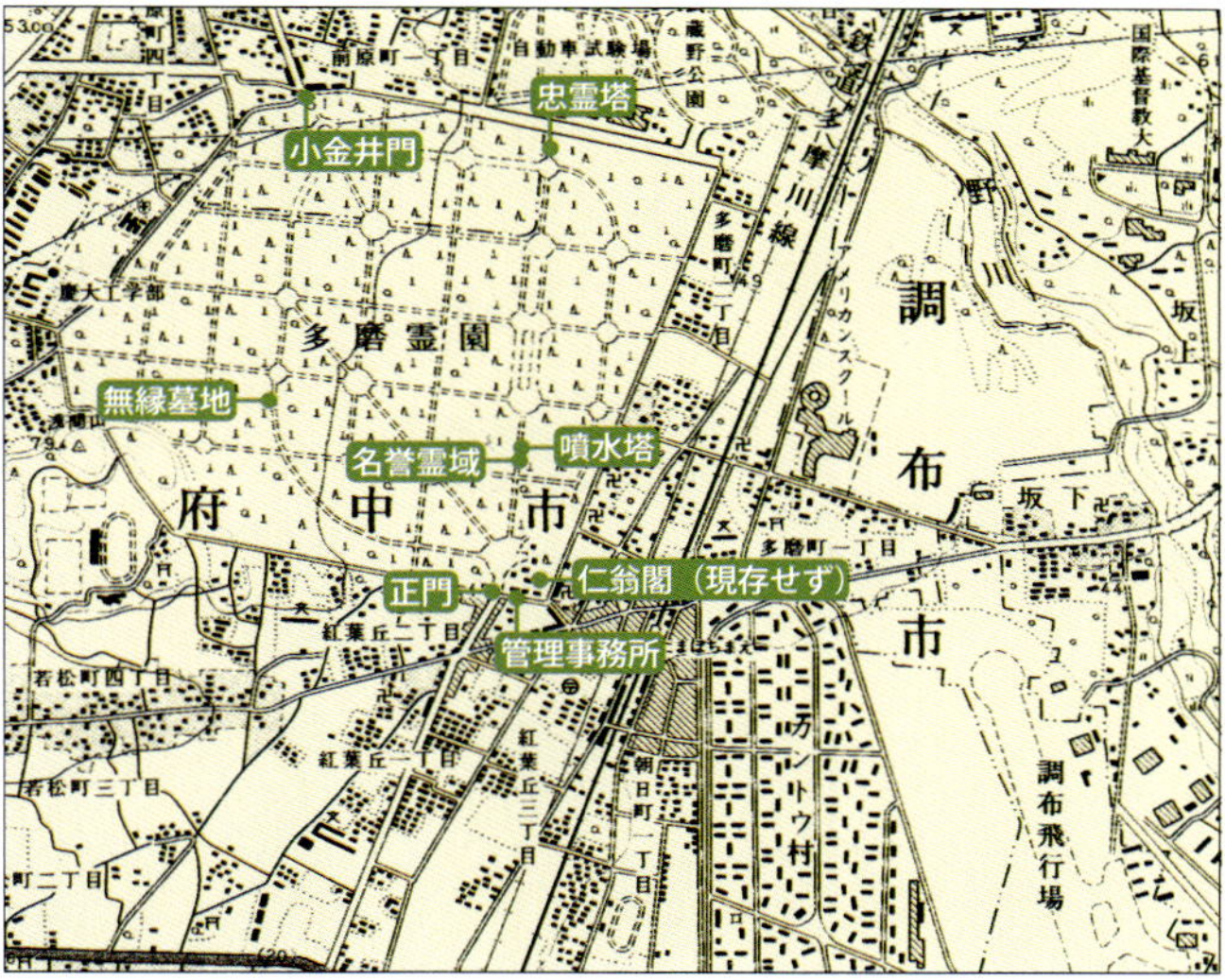

多磨霊園の変遷②　多磨霊園の右下方にある「カントウ村」は、アメリカ軍住宅の名称（1/2.5万「吉祥寺」昭和41年改測　×0.75）

約五倍。その広さが理解できよう。計画段階では、墓苑とともに火葬場の建設も決定していたが、この計画は実行されず、廃止となった。火葬場建設の難しさがわかる。

多磨霊園は、ドイツの森林墓地を参考にした、日本初の公園墓地である。この墓地の人気を高めたのが、日露戦争の海の英雄、元帥海軍大将東郷《とうごう》平八《へいはち》郎《ろう》が葬られたことだった。昭和九年（一九三四）六月五日の東郷元帥国葬当日は、見送りの群衆の数がひきもきらなかった。警視庁発表によれば、麹《こうじ》町《まち》区三番町《さんばんちょう》の自宅（現東郷公園）から国葬会場となった日比谷公園までの沿道に五九万七〇〇〇人、日比谷公園に七〇万人、日比谷公園から多磨墓地までに五六万七七〇〇人。昭和に入って初めての国葬だったが、空前の人出だった。

東郷家はすでに青山墓地に六坪の土地を確保していた。しかし当時の東京市長牛塚《うしづか》虎太郎《とらたろう》みずから海軍省に出向いて一〇〇〇坪の名誉霊域のなかに最初に葬ることを申し出た。海軍省は遺族と話しあい、新しい多磨墓地を東郷家の墓苑に決定したのだ。牛塚の目論見《もくろみ》はあたった。東郷元帥が葬られたことで、多磨墓地の人気が急上昇したのである。

多磨霊園名誉霊域　海軍の３提督の墓が並ぶ

名誉霊域に初めて葬られた東郷平八郎の墓

昭和十三年には、二・二六事件（昭和十一年）の惨劇の舞台ともなった高橋是清《たかはしこれきよ》の邸宅の母屋（明治三十五年築）が移築され、雅号から仁翁閣と命名され、有料休憩所となった。仁翁閣はその後、老朽化のため昭和五十年に使用が停止されたが、平成五年（一九九三）に小金井市《こがねい》の「江戸東京たてもの園」に移築されている。

正門から北に向かう。噴水塔近くの一等地、名誉霊域にある東郷元帥の墓所の隣には、昭和十八年に戦死した山本五十六《やまもといそろく》海軍大将（死後元帥贈位）と昭和十九年に事故死した古賀峯一《こがみねいち》海軍大将（死後元帥贈位）、ともに聯合《れんごう》艦隊司令長官の墓所が並んでいる。名誉霊域に眠るのはこの三人だけである。東郷・山本元帥の立派な墓碑と比べて、古賀元帥の墓だけが簡素な五輪塔なのが奇異である。

名誉霊域近くにある高さ15mの噴水塔　戦時中は機銃掃射を受けたこともある

多磨霊園の近くに調布《ちょうふ》飛行場があったことから、戦時中は陸軍が一部施設を使用していた。調布飛行場には陸軍飛行第二四四戦隊など、帝都防空を任務とする戦闘機隊が置かれていた。部隊の出張所が仁翁閣に置かれた。無料休憩所では航空機の修理も行われ、建物に旋盤の音が響いていた。調布飛行場の隊員には、東郷、山本、古賀元帥の墓所への墓参が奨励されていたという。

昭和十九年になると、砂利を約八メートル幅に敷いた誘導路が飛行場から霊園の近くまで建設され、霊園南部の三・四地区には三式戦闘機「飛燕《ひえん》」が秘匿された。翼があたるために道路沿いの墓石は倒されていた。そして兵士たちは、暇を見つけては、霊園に生えている赤松から燃料用の松根油を採取していた。

ただ、そうした活動は上空からでも識別できたにちがいない。多磨霊園もアメリカ軍艦載機の機銃掃射を何度か受けている。

多磨霊園に文化人の墓を訪ねる

多磨霊園には、昭和史に名を刻んだ政治家、軍人、文化人が多数眠っている。首相経験者でいえば西園寺《さいおんじ》公望《きんもち》や田中義一《たなかぎいち》、林銑十郎《はやしせんじゅうろう》、二・二六事件で暗殺された高橋是清と斎藤実《さいとうまこと》、二・二六事件当時の首相岡田啓介《おかだけいすけ》、極東軍事裁判（東京裁判）で終身刑を言い渡された平沼騏一郎《ひらぬまきいちろう》、戦後の首相では大平正芳《おおひらまさよし》の八人の墓がある。陸軍大臣を務め、終戦時に自決した杉山元《すぎやまはじめ》と阿南《あなみ》惟幾《これちか》の墓もある。昭和期の戦争で亡くなった有名無名の軍人の墓も多い。文化人の墓も多い。岡本太郎《おかもとたろう》も向田邦子《むこうだくにこ》も長谷川町子《はせがわまちこ》も三島由紀夫《みしまゆきお》もこの墓地に眠っている。当たり前だが、彼らは皆東京市民（都民）だったのである。霊園はとても広いので、訪れるさいは管理事務所で「東京都多磨霊園案内図」をあらかじめ入手しておくとよい。

明治時代に亡くなった元帥海軍大将の西郷従道《さいごうじゅうどう》や日露戦争で満洲軍総参謀長を務めた児玉源太郎《こだまげんたろう》陸軍大将の墓もある。二人とも青山墓地からの改葬である。少し変わったところでは、治安維持法・国防保安法・軍機保護法違反に問われて昭和十九年（一九四四）に処刑されたソ連のスパイ、リヒャルト・ゾルゲの墓もある。ゾルゲの遺体は雑司ヶ谷霊園の共同墓地に土葬されていたが、昭和二十五年に遺族が探しだし、この墓地に改葬された経緯がある。関東大震災後、小規模だったため閉鎖された東京市営の橋場《はしば》墓地や亀戸墓地の無縁墓も多磨霊園にある。

高度経済成長で全国から首都圏に人口が集中した昭和四十六年には、八王子《はちおうじ》郊外に都立八王子霊園が造成された。そして現在は、広大な多磨霊園でさえ、すでに墓域を新規造成する余裕はなくなっている。東京は死者だらけの都でもある。

4 都内に残る水道道路の謎

江戸の水道

自分の家の蛇口からほとばしり出る水道水が、どんなルートをたどって配水されているかということは、ふだんほとんど意識しない。江戸時代の神田《かんだ》上水・玉川《たまがわ》上水が江戸の町を潤していたということは歴史の授業でさんざん教えられても、今ある水道については、まったくといっていいほど教えられていないのが現状だ。自分の家の水がどこの水源からどの浄水場を通って来ているのかということを、どれだけの人々が知っているのだろう。

江戸時代初期に整備された当時、江戸の水道は世界最先端レベルだった。しかし、江戸の水道の仕組みは、完成当時のまま二〇〇年以上変更されることもなく、明治維新を迎えていた。いうまでもないが、江戸時代の上水には、近代水道のように原水を濾過《ろか》や消毒することにより水質を良好に保つ仕組みは存在しない。したがって、原水や途中の汚染が、そのまま末端の井戸に反映されてしまう欠点があった。

神田上水や玉川上水が完成してから二〇〇年あまりの間に、水源や水路沿いの市街化によって水道環境は悪化の一途をたどっていた。しかも明治に入ると、政治の空白から上水の管理がなおざりになったため、配水管に用いられた木樋《もくひ》の腐朽が進み、水質悪化にいっそう拍車がかかった。いちばんの問題は、木樋の腐食した部分から周囲の屎尿《しにょう》が浸入することだった。当時の便所は汲み取り式である。便所にためる屎尿は、そのまま周囲の地下にも浸透し、致命的な汚染を生じたのである。東京府では明治十年(一八七七)ごろに一万ヵ所の井戸を調査したことがあったが、上水の末端にあたる上水井の約半数が飲用不適だった。

コレラと三多摩

東京市内に濾過・消毒設備を備えた近代水道を建設するきっかけとなったのが、伝染病、わけてもコレラの蔓延《まんえん》だった。とくにひどかったのが明治十九年(一八八六)の大流行である。この年の初夏、横浜で発生したコレラは、ほどなく東京にも飛び火する。七月九日に東京府下で初の患者が出た後は爆発的に感染が拡大。東京府内だけで死者九八七九名という惨事となったのである。全国では一〇万人以上が亡くなっていた。

このころの東京の上水の水質はさらに悪化していた。明治十九年に東京府下一二区の三八二五個の井戸(上水井と掘井戸)の水質検査をしたところ、飲用不適とされたところは八割以上に達していたのだ。

ともかく明治初年からの懸案だった近代水道事業が急速に進展したのは、コレラ騒動がきっかけである。明治二十一年に公布された東京市区改正条例は、明治維新後初めての大規模な東京の都市計画法というべきものだが、肝心の予算が足りなかったため、すぐ実現した事業はほとんどなかった。そうしたなか、最優先とされたのが上水道事業だったことは、明治政府の危機意識を裏づけている。

明治十九年のコレラ流行は思わぬ副産物を産み出した。三多摩《たま》地域（西多摩郡・南多摩郡・北多摩郡、今の東京都の西半部）の東京府編入である。

これは、コレラ罹患《りかん》者を出した多摩川上流の神奈川県西多摩郡長淵《ながぶち》村（現東京都青梅《おうめ》市）で、多摩川に汚物を流したという一報が流れ、またたくまに広まったことにはじまる。

一般の東京府民も驚いただろうが、このニュースに過敏に反応したのが宮内省だった。多摩川の水は、玉川上水を通して御所（当時は赤坂仮御所）の水道としても供用されていたのである。ただちに宮内省から内務省に申し入れがあり、内務省は、傘下の東京府と警視庁に厳重な取り締まりを指示している。

しかしそのころ、多摩川上流の三多摩地域は、神奈川県に属していた。そのため、たとえば水源部の不衛生などの問題があっても、東京府の行政権や警察権は直接三多摩地域におよばず、しばしば問題を生じていたのである。このコレラ騒ぎと汚物投入事件は、明治二十六年の三多摩地域の東京府編入の直接のきっかけとなった。つまり、三多摩地域が東京府に編入されるにいたった最大の理由は、玉川上水の水利権と、奥多摩地域の水源確保のためだったのである。この合併で東京府の面積は倍増した。これ以後、広域の府県レベルの所管変更は今にいたるまでない。

玉川上水と淀橋浄水場

東京に近代的な水道が敷かれたのは、構想から一〇年以上経た明治三十一年(一八九八)である。この年の十二月、ようやく通水にこぎつけたのである。最初の東京市水道は、玉川上水の和田堀内村和泉《わだほりのうちいずみ》(現世田谷区代田橋《だいたばし》の北)から淀橋町角筈《よどばしちょうつのはず》(現新宿《しんじゅく》区西新宿《にししんじゅく》)まで一直線に新水路を掘削して、新設した「淀橋浄水工場」(淀橋浄水場)で原水を濾過・消毒したうえ、東京市一円に配水する仕組みだった。浄水工場と同時に、「給水工場」(給水所)が芝と本郷《ほんごう》に建設されている。

明治三十四年六月には、東京市水道の給水網が市内をほぼ網羅したのにともない、江戸時代から親しまれてきた神田・玉川の両上水は歴史的役割を終え、東京市内の給水を停止した。

淀橋浄水場は、東村山《ひがしむらやま》浄水場(昭和三十五年〔一九六〇〕に完成)に業務移管して昭和四十年に廃止されたが、六七年にわたり都民に水道水を供給しつづけた。浄水場の跡地は西新宿の超高層ビル群に生まれ変わり、面目を一新している。

いっぽう、芝と本郷の給水所は、建設から一一〇年以上経《た》った現在も使用されており、芝給

玉川上水と淀橋浄水場　淀橋浄水場の濾過池に向かって、玉川上水の新水路が延びている（㊤1/2.5万「東京西部」昭和6年部分修正測図　×0.6。㊦昭和11年陸軍撮影）

水所の重厚な石の正門柱は、淀橋浄水場に設置されていたのを移設したものである。

水道道路を散歩する

玉川上水の和泉から淀橋浄水場までは、南に大きく迂《う》回《かい》していた従来の玉川上水に代え、直線状の新水路が築造された。しかしこの水路も昭和十年代に埋め立てられたため、新水路の姿

芝給水所　風格ある門柱は、淀橋浄水場が廃止となった昭和40年に移設された

和泉給水所　玉川上水の旧水路と新水路の分岐点に設けられた。この場所のバス停は「水道横丁」という

を見ることはできない。関東大震災時に決壊して長期間断水したことから、すぐ隣を走る甲《こう》州《しゅう》街道が拡幅されたさい、道路下に新しい導水管が埋設されて廃止されたのである。水路跡は都道四三一号線となり、「水道道路」という名がわずかに上水路だった時代を偲ばせる。

いわれなければまったく普通の平坦《へいたん》な道だが、歩いてみるとやっぱり変な道である。道の両側は切り立った崖状で、水道道路に面した建物の入り口が、じつは二階や三階のところもある。

玉川上水新水路跡に生まれた水道道路　遠くに見える都庁は、淀橋浄水場跡地に立地している

玉川上水旧水路跡（幡ヶ谷付近）

本町隧道　昭和50年に拡張された

本村隧道　こちらは昔ながらの雰囲気を伝える

六号通　甲州街道から水道道路まで延びる

水路跡の遺構も、ないわけではない。都道を横断するトンネルは数少ない遺構のひとつである。新水路を横断する道の大部分には橋を架けたが、低地部分に築堤を築いたところでは、水路の下にトンネルを通したのだ。新水路を横断するトンネルは三本あったが、そのうち二本が残っている。帝京短期大学（渋谷区本町《ほんまち》六丁目）の南にある本町隧道《ずいどう》（旧第二道路橋）と、その三〇〇メートル東にある本村隧道（旧第三道路橋）である。今の中野《なかの》通りの交差点付近にあった第一道路橋だけは、中野通りの延伸工事のさいに平面交差に改められたため消滅した。

水路には一六もの橋が架けられた。橋にはそれぞれ、淀橋浄水場側から一号橋、二号橋といった具合に順次番号がつけられた。橋から生まれた通り名にちなんだ「六号通」や「七号通」というバス停が現存し、沿線には六号通商店街や十号坂商店街がある。思わず道草したくなる。いずれも水道道路に直交しているのは、橋から生まれた通り名だからだろう。

水を浄化する「浄水工場」は、当初、玉川上水右岸（南側）の千駄ヶ谷《せんだがや》村にあった旧宇都宮藩戸田《とだ》家抱屋敷跡に建設する予定だった。屋敷は玉川上水の流路に面しており、上水が屋敷に引き入れられ、泉水などの用途に使われていたのである。しかしこの屋敷跡に浄水工場を建設する場合、短所があった。高低差があったため盛り土を必要としたことや、標高が低く水圧の点で問題があったこと、さらに水路の長さなどの点でも劣っていたのだ。そうした点を考慮した結果、旧戸田家抱屋敷から五〇〇メートルほど離れた淀橋町角筈が選ばれたのである。角筈の標高は約三七メートルと旧戸田家抱屋敷の標高より七メートルほど高く、しかも平坦地で盛り土などの必要がなかった。

戸田家抱屋敷のあった土地は、明治維新後、畑となっていたが、浄水工場建設が見送られたあと、徳川（紀州《きしゅう》家）邸や鉄道用地などに転用された。現在は新宿マインズタワーやＪＲ東京総合病院、新宿駅構内となっている。

村山貯水池と導水路

東京の急速な発展は、多摩川から直接取水する水道だけではすぐに追いつかなくなった。明治四十四年（一九一一）まで設備の改良や増設工事を行って水需要の増大に応《こた》えようとしたが、夏場の最多需要期になると想定の一・五倍の水量が使用される状況となり、配水管の末端では断水や水圧低下が頻繁に発生していた。

こうして構想されたのが、新たな貯水池の建設である。貯水池を設けることで、夏場の需要期や冬場の渇水期の影響を受けずに年間を通して安定的な給水が可能になる長所があった。

貯水池用地として白羽の矢が立ったのが、狭山丘陵だった。柳瀬川《やなせがわ》水系の浸食谷を横断する形で二ヵ所の土堰堤《えんてい》を築造し、水位の異なる上下二つの貯水池（貯水量一七九〇万立方メートル）を建設する計画である。のちの村山《むらやま》貯水池（多摩湖《たまこ》）である。

予定地には一六一戸六〇〇名ほどの農家が点在していたが、すべて立ち退きとなった。先祖伝来の地を失うことや買収価格の安さに抗議運動も起こったが、最後まで買収に応じなかった八軒も大正八年（一九一九）に強制収用されている。大正五年に着工した貯水池の工事は、途中関東大震災の影響もあったものの、大正十三年に上流（西側）の上《かみ》貯水池が完成し、昭和二年（一九二七）には下流（東側）の下《しも》貯水池も完成している。

このときは、村山貯水池だけを建設したわけではない。途中の境《さかい》浄水場と和田堀《わだぼり》浄水池（現和田堀給水所）に加え、羽村取水堰《はむらしゅすいぜき》と村山貯水池を結ぶ羽村・村山線、村山貯水池と境浄水場

（新設、現武蔵野《むさしの》市関前《せきまえ》一丁目）を結ぶ村山・境線、境浄水場と和田堀浄水池を結ぶ境・和田堀線の導水路も同時に建設されている。

導水路のルートは、地図を見れば一目瞭然《いちもくりょうぜん》である。大部分が一般道や遊歩道となっているからだ。たとえば羽村・村山線は、羽村から途中の横田《よこた》基地を挟んで、ほぼ東西を一直線に多摩湖まで続いている。村山貯水池と境浄水場を結ぶ村山・境線も「多摩湖自転車道」となってお

村山下貯水池の取水塔　東京都選定歴史的建造物だ

村山下貯水池の戦前の親柱　近年の補強工事で発見された。上部が黒いのは、戦時中敵の目をくらませるため、コールタールを塗布した名残である

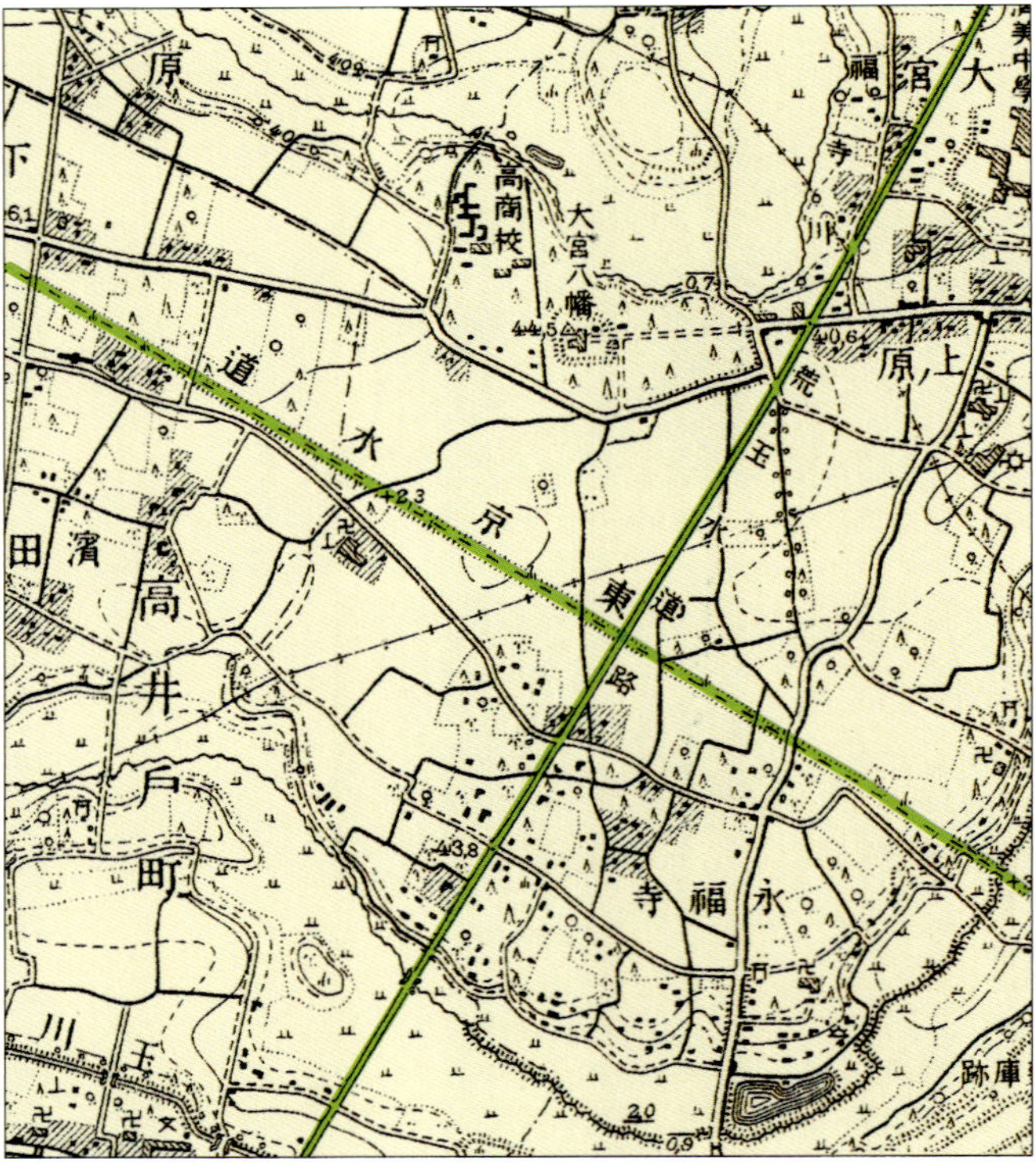

「東京水道」は現在の井の頭通り。「荒玉水道路」は世田谷区砧から高円寺陸橋近くまでほぼ一直線である（1/2.5万「東京西部」昭和６年部分修正測図　×1.25）

井の頭通りと荒玉水道路の交差点名は「荒玉水道」である。地図の左下隅を玉川上水が流れている（1/1万「中野」平成10年修正　×0.5）

り、幅約四メートルの遊歩道が、北西から南東方向に、村山貯水池の下からまっすぐ境浄水場の手前の井の頭通りの終点まで延びている。

境浄水場から先の導水管は、境・和田堀線と名を変える。導水管は、和泉給水所の先の和田堀給水所まで敷設されている。なじみのない名前だが、じつは井の頭通り（の一部）なのである。この区間の井の頭通りは、導水路の埋設用地を道路に転用したもので、当初はここも水道道路と呼ばれていたのだ。水道道路に〝井の頭〟の名前を与えたのは、近衛《このえ》文麿《ふみまろ》だったといわれる。近衛はこの通りを井の頭街道と命名し、その後東京都が井の頭通りと改めたのである。井の頭通りがずっと直線なのに気づいた人もいると思うが、それは水道道路だったからである。大正時代の地形図には、井の頭通りの部分には水道管を示す点線が描かれ、そこには「東京水道」とだけ記されている。

山口貯水池と廃線

村山貯水池だけでは冬季の渇水期の水需要の逼迫《ひっぱく》が予想されたため、貯水池完成直後の昭和四年（一九二九）から、東京市は、埼玉県境の狭山丘陵に新たな貯水池建設を開始した。これが山口《やまぐち》貯水池（狭山湖）で、村山貯水池とほぼ同規模の一七七〇万立方メートルの貯水能力をもっていた。

山口貯水池を建設するさい、東京府水道局は、羽村取水堰から貯水池までの区間に、工事用資材を運ぶ軽便鉄道を敷設した。村山貯水池を造るさいの軽便軌道跡を再利用したのである。このルートは、羽村から山口まで一二・六キロメートルと最短距離だったうえ、大部分が導水管上の用地を活用したため、一石二鳥だった。使用された機関車は二八台、鉄製トロッコは四五〇両にのぼった。現在残る遊歩道は、導水路であると同時に廃線跡だったのである。

山口貯水池は昭和七年十月から通水を開始し、昭和八年三月に主要工事が完了している。予

山口貯水池の取水塔　湖底からの高さは35mに達する

山口貯水池の戦前の親柱　近年の工事で発見されたとき、村山貯水池の親柱（61ページ写真）同様、上部はコールタールで黒く塗られていた

㊤ 山口貯水池建設工事のさいの盛り土運搬用栈橋（昭和６年７月撮影）
㊧ 羽村山口軽便鉄道　トンネルの高さ、幅とも約９尺（約2.7m）だった（武蔵村山市立民俗資料館提供）

御岳トンネル（旧第３隧道）　このあたり、５本のトンネルが連続する。現在は自転車道として整備

定地には二八二戸一七二〇名が暮らしていたが、全員立ち退きとなっている。

水道施設と戦争

昭和十八年（一九四三）五月、イギリス空軍が実施したドイツ・ルール地方のダム爆撃で、ダム湖が多数決壊し、下流に住む一二〇〇名以上のドイツ国民が溺死《できし》した。この情報が日本に伝わると、東京でもダム防衛が喫緊の問題となった。もし村山・山口両貯水池が破壊されれば、都心は大洪水に見舞われるとして、五〇〇キロ爆弾の直撃を受けても対処できるよう、村山下貯水池と山口貯水池の堰堤には急遽嵩上《きゆうきよかさあ》げ工事が施されることになった。堰堤の上部に、玉石・砂利・コンクリートを用いて最大厚二・二五メートルの丈夫な耐弾層を設置、堰堤を防護するのである。だが物資不足のおり、軍部に要請したセメントの配給はいつまで経っても実現しない。結局、建設中の小河内《おごうち》ダム用のセメント二〇万袋（一万トン）を流用することになった。両貯水池の工事のため、小河内ダム建設用に運ばれた軽便鉄道の設備ははずされ、ふたたび羽村〜山口間に敷設されている。途中まで進んでいた奥多摩の小河内ダム工事が昭和十八年十月に中断し、完成が戦後の昭和三十二年までずれこんだ原因は、じつはここにあった。

結局それでもコンクリートは足りず、玉石を混ぜて工事を進めた。そのため耐弾能力は三〇〇キロ爆弾程度の直撃に低下。堰堤決壊に備え、貯水池の水位を下げて対応している。昭和二十年四月以降、五度の空襲にあったが、大きな被害はなかった。

このほかにも、水道施設への爆撃を避けるため、さまざまな施策が実施されている。ひとつは地図の改描である。昭和十二年六月、「国土防衛上秘密保持を要する土地建物等」は、地図上で偽装改描して市販することとなった。このなかに水道施設が該当したのである。事実、こ

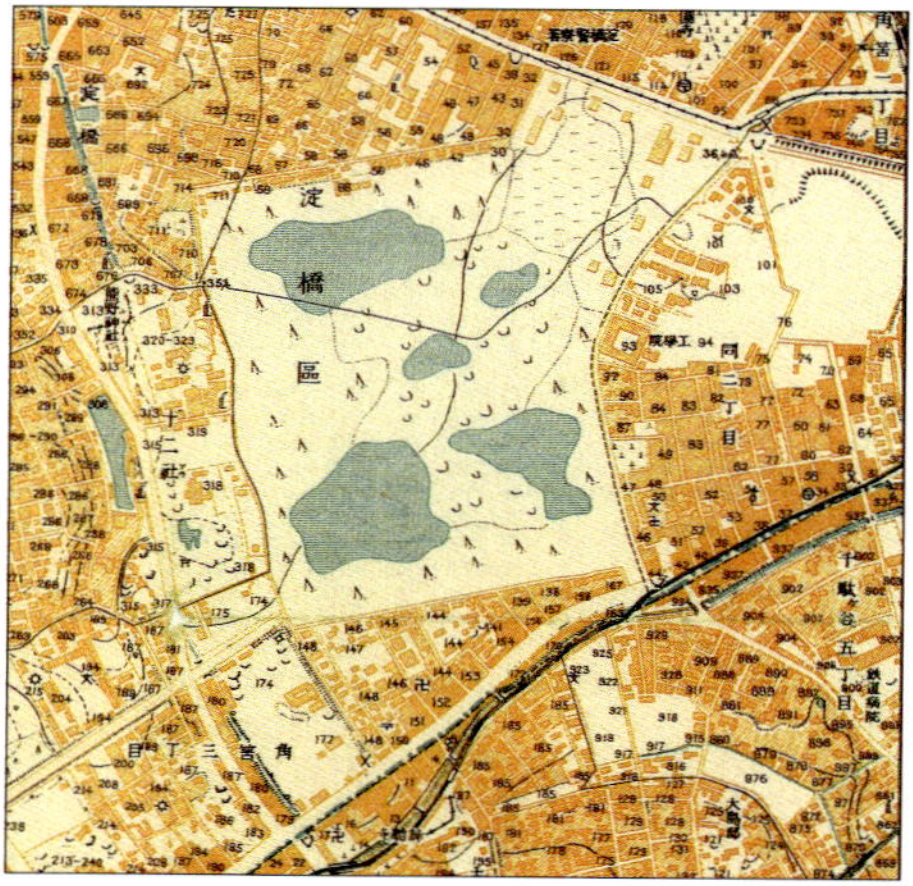

昭和12年以降、水道施設も地図ではわざと不正確に描かれた。地図中央にあるのは淀橋浄水場だが、森と湖の風景になっている（1/1万「中野」昭和12年修正測図　×0.5）

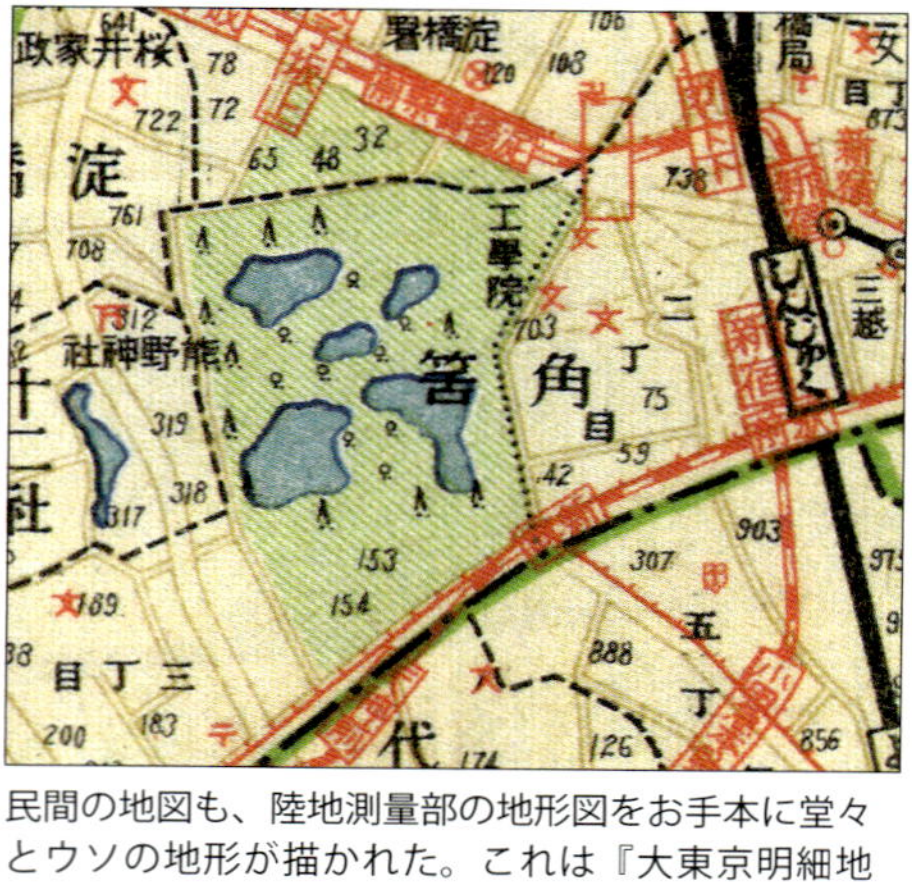

民間の地図も、陸地測量部の地形図をお手本に堂々とウソの地形が描かれた。これは『大東京明細地図』（文彰堂、昭和15年）

れ以降に発行された陸地測量部の地形図を見ると、水道施設はすべて偽装して描かれている。たとえば淀橋浄水場は森と池の点在する公園として表現され、金町《かなまち》浄水場は掘割のある陸地として描写された。砧下《きぬたしも》浄水場の濾過池は溜《た》め池《いけ》に偽装され、玉川浄水場は濾過池が完全に消されていた。村山貯水池と山口貯水池は、大胆にも湖面の部分に荒地の記号がばらまかれている。

対米関係が行き詰まりつつあった昭和十六年四月になると、西武《せいぶ》鉄道村山線（現西武多摩湖《たまこ》

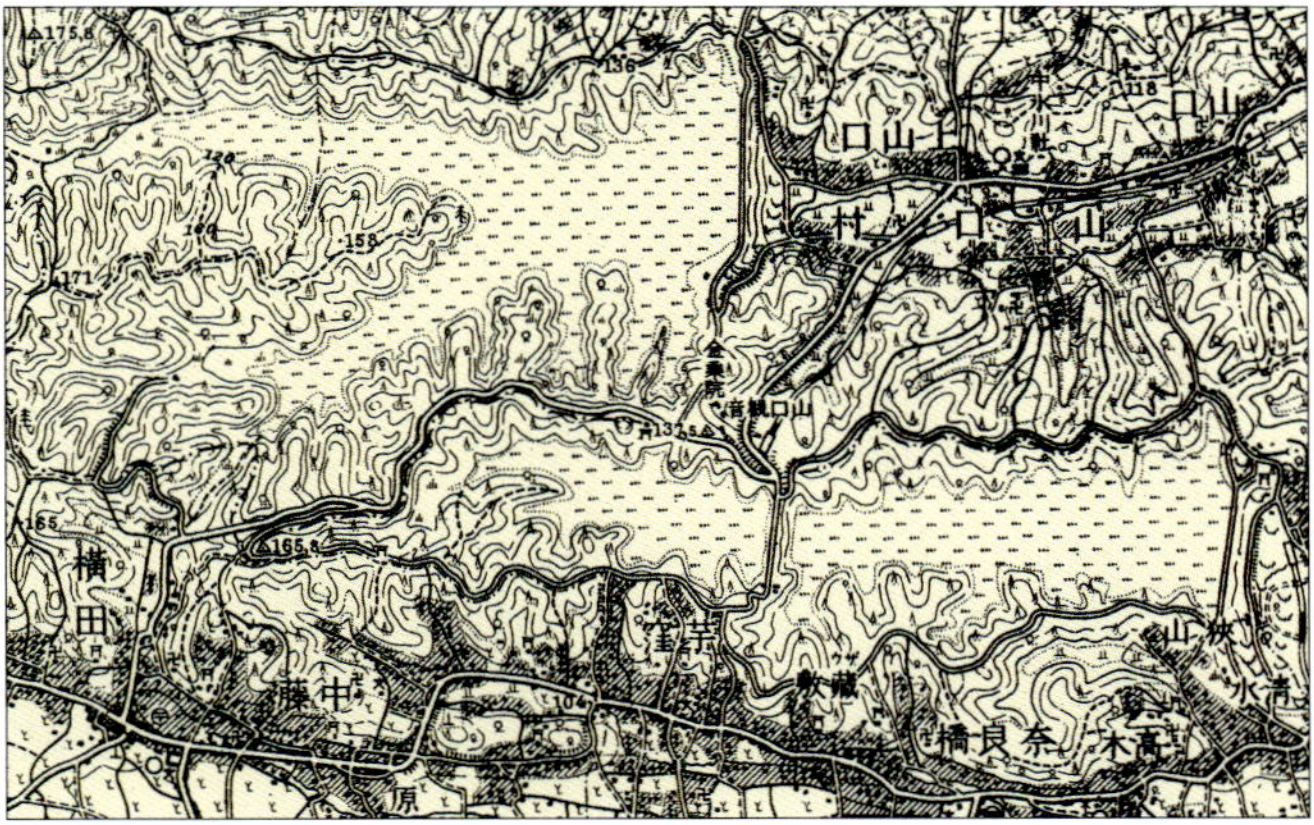

村山・山口両貯水池の水面を大胆にも「荒地」の記号に置き換えている。誰が見ても明らかに違和感がある（1/5万「青梅」昭和12年修正測図　×0.75）

線）村山貯水池駅を狭山公園前駅（現西武遊園地駅）に改めさせている。水道施設を意識させるものは、駅名であろうと徹底的に秘匿したのである。

　大戦がはじまると、貯水池の広大な水面にはいかだを組んで迷彩を施した。下流にある浄水場の沈殿池や濾過池の水面には葦簀《よしず》や偽装網を張って水面が見えないように隠した。配水塔などにも迷彩が施されている。アメリカ軍は、水道施設の存在を把握していたが、給水設備の被害は軽微だった。ただし昭和二十年四月の中島《なかじま》飛行機武蔵《むさし》製作所爆撃のさいは、付近の境浄水場濾過池が被弾している。

　直接の空襲被害は少なかったものの、市街地の空襲により末端の水道管がいたるところで破断した。約七〇パーセントの水道栓が被害を受け、漏水率は一時八〇パーセントにものぼった。

漏水すると水圧が低下し、各地で断水してしまう。そのため、水道局職員はもとより、軍人、学生まで動員して、水道鉛管をたたきつぶして漏水を止める作業に追われた。この作業は終戦を挟み、昭和二十年十月までかかった。

各地の水道道路

これまで述べてきたのは東京市の水道事業である。昭和七年（一九三二）までの東京市の範囲は、「朱引地」と呼ばれた江戸時代の江戸町奉行の管轄区域をほぼ踏襲しており、今の東京二三区のほんの一部、面積にして六分の一ほどしかなかった。しかし市街の発展とともに、周辺地域の郡部町村でも水道開設の要望が強まり、大正から昭和にかけて、町村や会社などによる水道事業が続々とはじまっていた。総数は一三を数えたが、そのなかには、多摩川を水源とした、品川《しながわ》町・大森《おおもり》町・蒲田《かまた》町（以上荏原《えばら》郡。現品川区・大田《おおた》区）など一四町村に給水する「玉川水道株式会社」、豊多摩《とよたま》郡渋谷町（現渋谷区）などに給水する「渋谷町水道」、王子町・巣鴨《すがも》町・板橋《いたばし》町（以上北豊島郡。現北《きた》区・板橋区）・落合《おちあい》町・野方《のがた》町・杉並《すぎなみ》町（以上豊多摩郡。現新宿区・杉並区・中野《なかの》区）など一三町に給水する「荒玉水道町村組合」、江戸川《えどがわ》を水源とし、隅田町・寺島《てらしま》町・亀戸町・砂町（以上南葛飾郡。現墨田区・江東《こうとう》区）・南千住《みなみせんじゅ》町・尾久《おぐ》町（以上北豊島郡。現荒川《あらかわ》区）など一二町に給水する「江戸川上水町村組合」などがあった。このうち、玉川水道は日本一の民営水道会社でもあった。

江戸川水道路　北東（地図右上）から南西（左下）に向かって一直線に「江戸川水道路」が延びており、できたばかりの荒川放水路には「江戸川水道橋」が架橋されている（1/2.5万「東京首部」昭和５年測図　×1.0）

導水路上の道は、今も地元で水道道あるいは水道道路などといった名で親しまれているところが多い。水道道路の特徴は、ほかの通りに干渉されることなく、平坦地に直線状に敷かれていることである。そのため途中には五叉路《ごさろ》以上の交差点が頻出する。地図を見れば一目瞭然だ。

たとえば江戸川に面した金町浄水場から亀戸天神の南にある亀戸給水所（貯水池の上が野球グラウンドのため、地図や航空写真では給水所とはわからない）までの約一〇キロメートルを、蜿々《えんえん》と南西に延びる一本の細道。これは江戸川上水町村組合が建設した導水路上の道で、地元で水道道（水道路）と呼ばれている。さだまさしが中学時代の思い出をつづった「木根川橋《きねがわばし》」冒頭の歌詞でも、「木根川橋から水道路抜けた白髭《しらひげ》神社の縁日は　アセチレンたいてあんずあめ売ってますか」としてこの「水道路」が登場する。昭和三十年代の地図には中川《なかがわ》と荒川放水路を渡る水道橋が記載されているのが確認できる（現在は川の下を通しており、荒川の土手近くには、水道局のポンプ設備の敷地が確保されている）。

〝双子の給水塔〟として地元で親しまれる駒沢《こまざわ》給水塔は、渋谷町水道の給水塔として建設されたもので、完工は大正十三年（一九二四）。桜新町《さくらしんまち》駅から駒沢給水所に向かってまっすぐ水道道路が延びている。住宅地に囲まれて建つ給水塔のうち、北側給水塔の側面には、「滾〻不尽（こんこんとして尽きず）」、南側給水塔には「清冽如鑑（せいれつかがみのごとし）」の刻印がそれぞれ施されている。

駒沢給水塔と並んで有名な野方配水塔と大谷口《おおやぐち》給水所は、荒玉水道の遺構である。荒玉水道は、多摩川の水を砧から野方を経て大谷口に送水し、周辺一三町に配水する大がかりな水道事業だった。荒玉水道が昭和四年に野方町（現中野区江古田《えこだ》一丁目）に完成させた野方配水塔は、昭和四十一年に配水塔としての使命を終えたが、今も災害用給水槽として保存されている。末端部にある上板橋《かみいたばし》村（現板橋区大谷口）に建設された大谷口配水塔は、老朽化を理由に平成十七年（二〇〇五）に取り壊されたが、敷地には大谷口配水塔の意匠を踏襲した大谷口給水所

駒沢給水塔　周囲は民家やマンションに囲まれ、2つの給水塔の全景を見渡すのは難しい

荒玉水道道路　井の頭通りとの交差点で、交差点名も「荒玉水道」。水道管が埋設されているため、4トン以下の車両しか通行できない（左側の標識）

のポンプ棟が建設された。荒玉水道の導水管は、荒玉水道道路（都道四二八号線）や中野通り（都道四二〇号線）などの下を通っている。

都内各地に残る水道施設を訪ねると、あらためて水道水のたどってきた長い道のりと、先人の苦労を実感することになる。たかが水、されど水、なのである。

野方配水塔　塔の正面には戦時中の機銃掃射の跡が残る。現在は災害用給水槽として活用

大谷口給水所　往時の意匠を生かして、新築された

5 生まれた川と消えた村

利根川の東遷

東京二三区の地図を見たとき、左側（西側）にはほとんどないのに、右側（東側）ばかりに目立つものがある。それは、「川」である。とりわけ目をひくのが、隅田川《すみだがわ》、荒川、江戸川という三つの河川の存在だ。なかでもいちばん川幅の広いのが荒川で、この川の存在感は、他を圧しているといっていい。

ところでこの荒川、じつは、下流部は人工の水路である。昭和四十年（一九六五）までは正式名は「荒川放水路」であり、一般には「新荒川」という名で知られていた。人工河川である証拠は、古い地図を見れば明らかだ。明治時代の地図に、隅田川と江戸川の間を流れる荒川は存在しない。この放水路ができるまで、荒川の下流は隅田川と名を変え、都心部を貫流してそのまま江戸前の河口に注いでいた。

江戸時代初期まで、今の東京東部の低地には利根川《とねがわ》本流が流れ込んでいた。利根川は当時、荒川と合流して、江戸のすぐ目の前の海に注いでいたのだ。だが、東京東部、当時の下総《しもうさ》国南葛飾郡は洪水の常襲地帯だった。頻繁に起きる洪水で、大河川であっても流路はしばしば変わった。よほど手を焼いたのだろう。徳川家康は、江戸に入府してまもないころから利根川の治水に取り組んでいる。家康の意向を受け、幕府は江戸時代初期に本流を今の江戸川に付け替え、さらに江戸時代後期には、銚子《ちょうし》に注ぐ現在の流路を開削している。将軍のお膝元《ひざもと》、江戸の洪水の元凶である利根川・荒川水系の治水は、江戸幕府最大の土木事業だった。

人工河川の誕生

荒川放水路が実現することになった直接のきっかけは、明治四十三年（一九一〇）の大洪水である。その年の八月二日から降り出した雨は一向にやまなかった。一時小康となったものの、ふたたび十一日から激しく降り出し、豪雨は十六日まで続いた。この長雨で、埼玉県・東京府の流域各地の堤防が決壊し、大小の河川が氾濫《はんらん》。千住、本所、亀戸、浅草など荒川の下流域はすべて水浸しとなり、一面の湖が出現した。水は二週間近くも引かず、五〇〇名近い死者・行方不明者を出している。陸海軍も出動して、炊き出しや救助に協力したほどだった。

翌明治四十四年、荒川の放水路建設が決定する。だが、内務省が示した工事区域は「荒川左岸は埼玉県北足立《きたあだち》郡川口町《かわぐちまち》、右岸は東京府北豊島郡岩淵町《いわぶちまち》で、以下海に至る」という漠然としたものだった。東京府下を通るいくつかの案が検討されたなかで、もっとも有力だったのは、

荒川放水路の開削①　明治42年測図というから、まだ放水路計画がなかったころの東京の東部。大小の河川がうねって流れていた（1/5万「東京東北部」明治42年測図　×0.75）

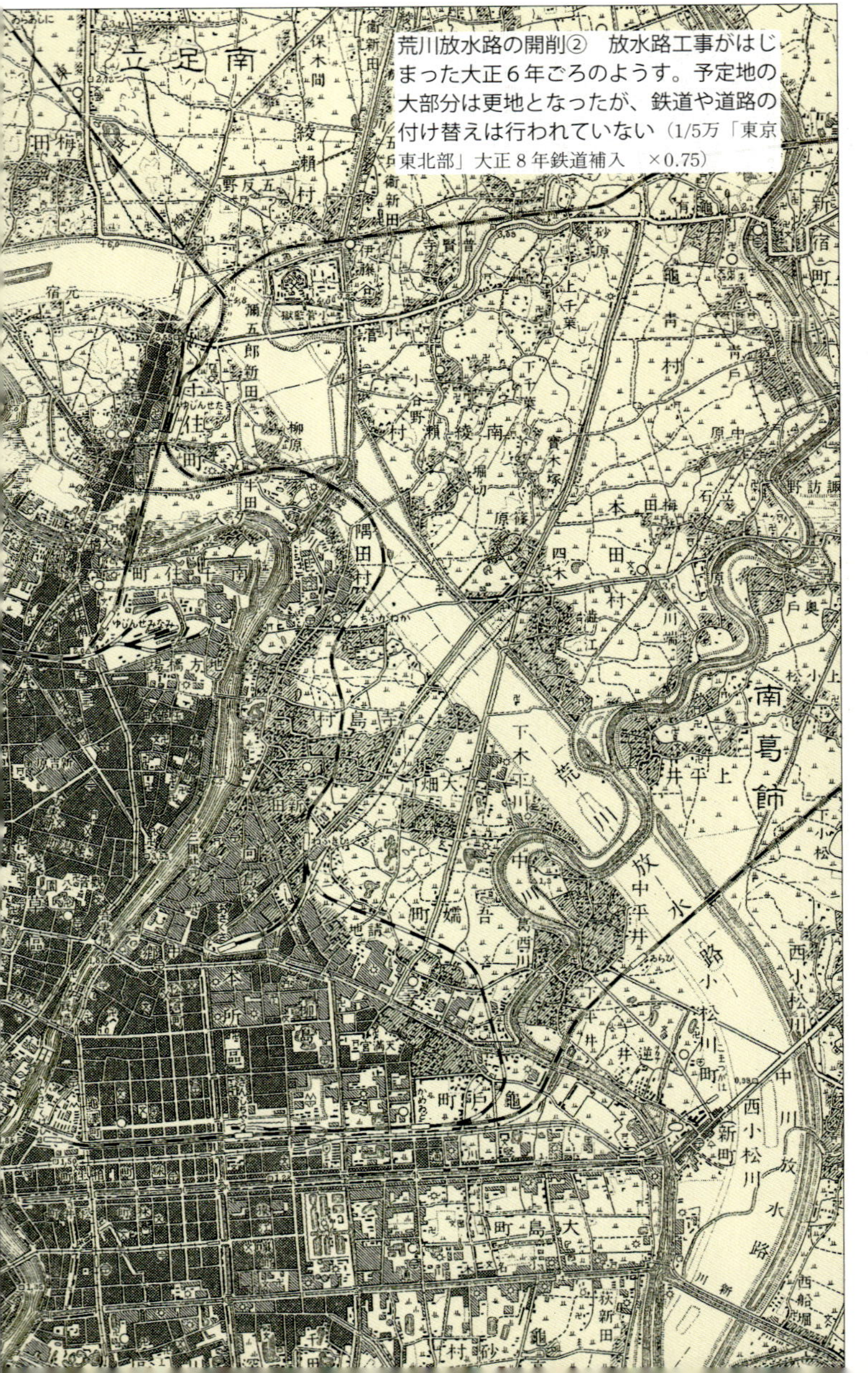

荒川放水路の開削②　放水路工事がはじまった大正６年ごろのようす。予定地の大部分は更地となったが、鉄道や道路の付け替えは行われていない（1/5万「東京東北部」大正８年鉄道補入　×0.75）

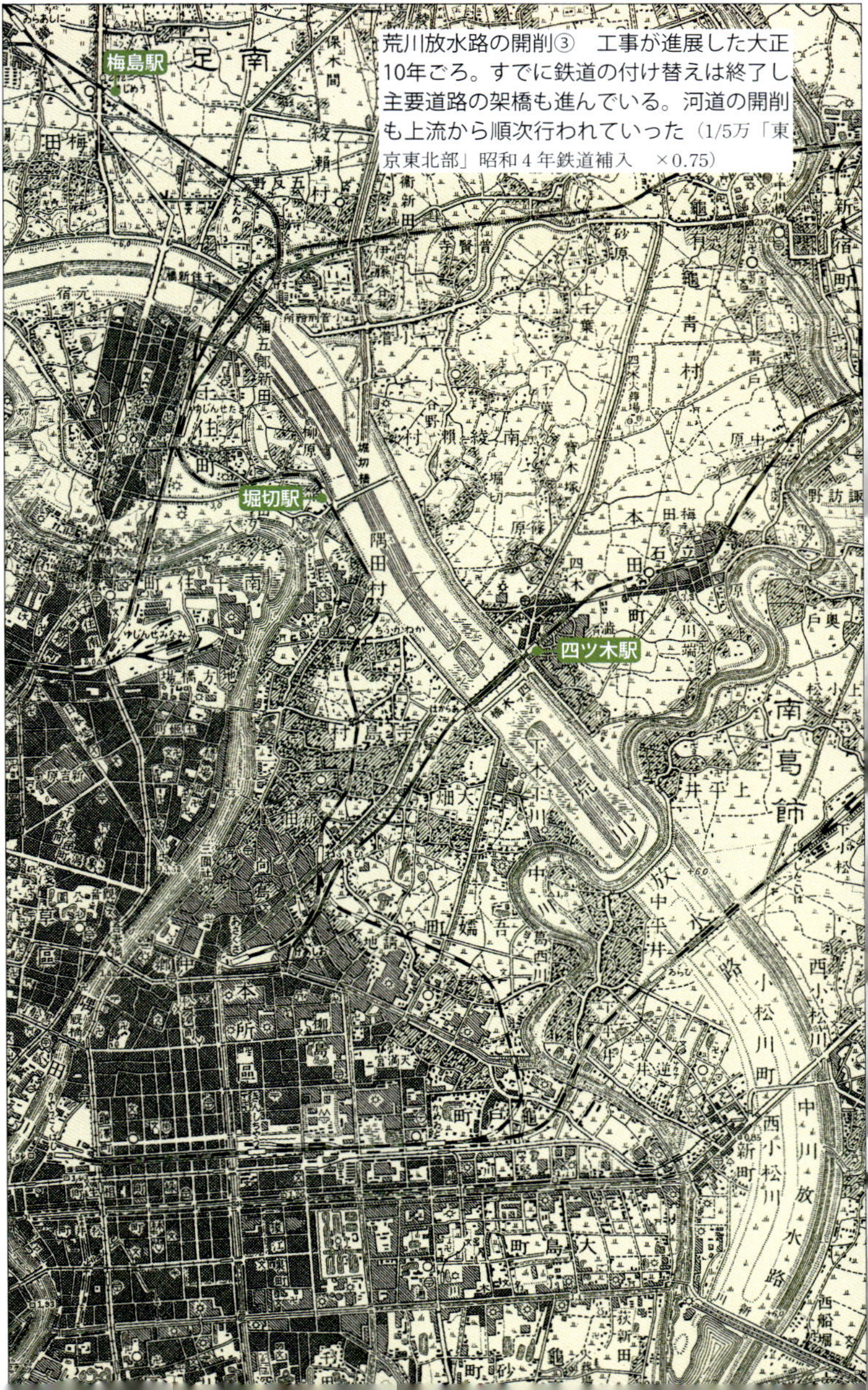

荒川放水路の開削③　工事が進展した大正10年ごろ。すでに鉄道の付け替えは終了し主要道路の架橋も進んでいる。河道の開削も上流から順次行われていった（1/5万「東京東北部」昭和４年鉄道補入　×0.75）

南葛飾郡隅田村《すみだ》（現墨田区内。鐘ヶ淵《かねがふち》付近）から開削を開始し中川河口にいたる流路だったという。しかし抜本的な対策を意図した内務省は、埼玉県岩淵《いわぶち》の官鉄東北《とうほく》本線の橋梁から中川河口にいたる約五里半（約二二キロメートル）を掘り抜く大工事を決定する。

荒川放水路が部分着工したのは大正二年（一九一三）である。摂政宮《せつしょうのみや》（昭和天皇）臨席のもと、上流の岩淵で通水式が挙行されたのは、関東大震災から一年あまり経った大正十三年九月十八日だった。工事がすべて完了したのは、着工から一七年後の昭和五年（一九三〇）である。当初は大正九年までに完工する予定だったが、その後工期を三年延長し、関東大震災の影響から、さらに完工予定は昭和二年に延びた。最終的には完工は昭和五年となり、当初予定のほぼ倍の期間がかかっている。工費にいたっては、当初予定の約三倍にのぼる三一三四万二一四六円という莫大《ばくだい》な額となった。

消えた学校

荒川放水路の建設計画は、壮大の一語に尽きる。買収面積は一一〇〇町歩（約一一平方キロメートル。東京ディズニーランドの約二〇個分）に達し、買収区域は、埼玉県二町村・東京府一七町村の一九町村におよんだ。立ち退き対象となった家屋は一三〇〇戸にのぼっている。

上流部の岩淵町から隅田村までの川幅は二五〇間（約四五五メートル）、そこから徐々に川幅を拡《ひろ》げ、河口では三二〇間（約五八二メートル）だった。河川敷の中央部には、幅六〇間（約一〇九メートル）から一四〇間（約二五五メートル）の水路を開削する。

堤防の土手は、「非常出水予想」の水位（計画高水位）より七尺（約二メートル）高い設計だった。これは両岸とも同じ高さである。しかし右岸（南西側）の堤防の天端（最上部）の幅が八間（約一五メートル）あったのに対して、左岸（北東側）の堤防の天端の幅は六間（約一一メートル）しかなかった。住民には秘密にされていたが、都心側を守ろうとする意図は明白だった。このころ住民の間では、都心を守るため両岸の堤防の高さが違っているという噂が飛び交っていた。両岸の堤防の高さが違うというのは誤りだったが、都心を守るという設計自体はあたっていたことになる。

大正四年（一九一五）までに九六パーセントの買収契約が完了したが、最後まで立ち退きを拒否した住民二四名との間で裁判が起こった。当時ですら、用地買収は非常な困難をともなったのである。財産権が広く保障された戦後であれば、これほどの〝痛み〟をともなう大事業は、そもそも無理だっただろう。現在の放水路は、用地買収の困難さや費用対効果の問題もあり、国道一六号線の地下約五〇メートルに建設された首都圏外郭放水路（平成十八年〔二〇〇六〕開通、埼玉県春日部《かすかべ》市内）などに見られるように、公共空間の地下に水路や遊水池を築造して、洪水時に導水する方法が主流となっている。

買収規模の大きさは、流域の大木《おおき》村、平井《ひらい》村、小松川《こまつがわ》村、船堀《ふなぼり》村（いずれも南葛飾郡）が事実上廃村となったことからもうかがえる。村域の大部分が放水路用地となった大木村の場合、河川用地から免れた地域は、放水路を隔てて右岸（西側）が吾嬬《あづま》町（現墨田区）、左岸（東側）が本田《ほんでん》村（現葛飾区）に分割編入された。

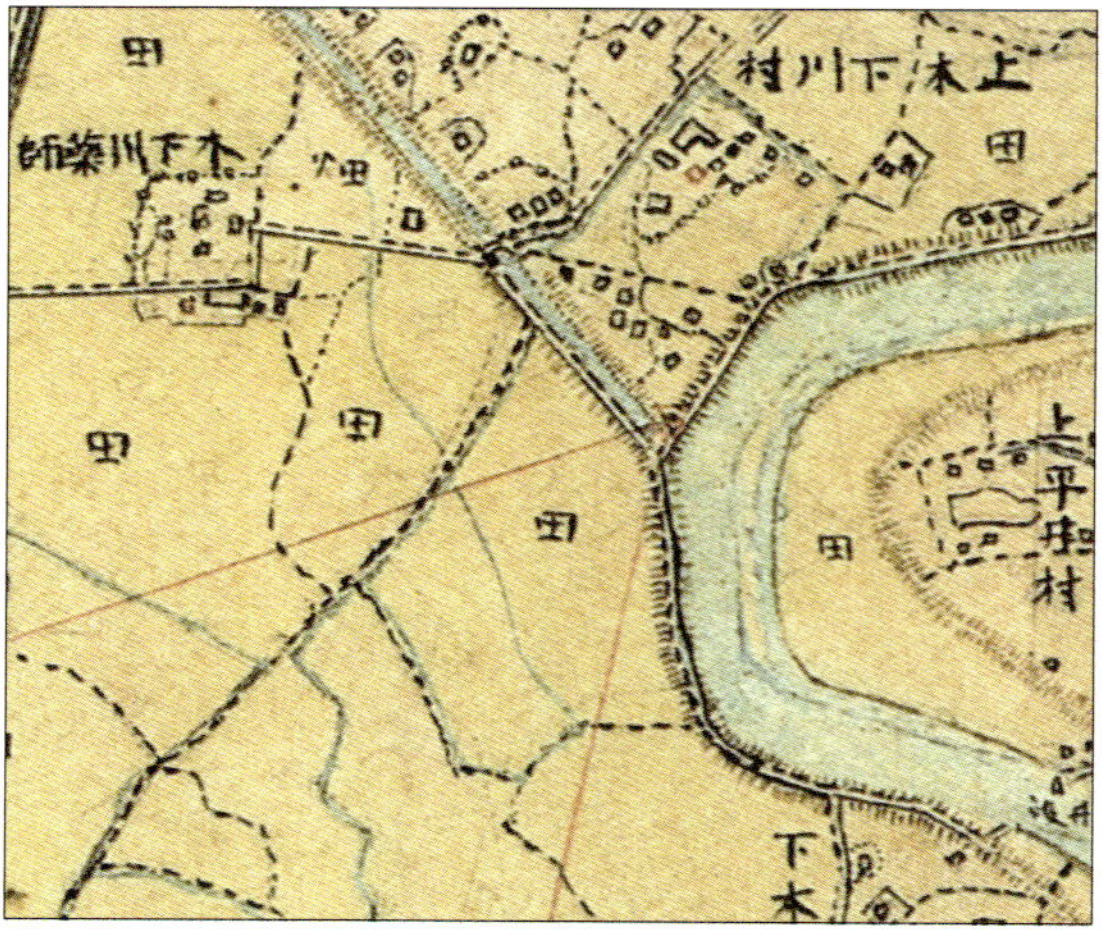

木下川薬師の移動①　木下川薬師は、徳川将軍家から代々崇敬を受けた格式の高い寺院である。境内が広かったため、代替地がなかなか決まらなかった。寺側は右岸（西側）への移転を希望したが、すでに市街化されていたため、かなわなかった。結局、木下川薬師が移転したのは、南東に約600m離れた中川の旧河道上だった。旧境内あたりは現在荒川第一野球場となっている（1/2万「東京府武蔵国本所区深川区及南葛飾郡亀戸村近傍村落」明治13.11　×1.5）

今の京成電鉄押上《おしあげ》線八広《やひろ》駅のすぐ南東の荒川河川敷あたりには、かつて大木村立木下《きのした》尋常小学校があった。工事区域にかかるため廃校が決まると、右岸の児童は吾嬬町立第三吾嬬尋常小

木下川薬師の移動②（㊤ 1/1万「向島」大正５年修正測図　×0.75。㊦ 1/1万「青戸」平成10年修正　×0.75）

学校に、左岸の児童は本田町立尋常小学校に分かれて通うこととなった。

名刹《めいさつ》として信仰を集めていた木下川《きねがわ》薬師（浄光寺《じょうこうじ》）は、放水路予定地のちょうど真ん中に寺があった。しかし境域が広いこともあって移転地がなかなか決まらず、周囲が移転して更地となったずいぶん後まで放水路予定地のなかにぽつんと残されていた。当時の地図を見ると、河川用地のなかに寺だけが存在する不思議な光景が再現されている。結局木下川薬師の移転先は、放水路開削で廃川敷として埋め立てられた中川の旧河道上（現葛飾区東四つ木《ひがしよつぎ》一丁目）と決まる。大正八年八月、檀家総出で移築がはじまり、本堂、客殿などが従前のままに組み上げられた。墓地だけはしばらくの間、更地となった旧境内に残っていた。

木下川薬師（浄光寺）　現在の本堂（薬師堂）は、平成10年の建立。最澄自刻と伝わる本尊の薬師如来（秘仏）をはじめ、寺宝も数多い

平井村も廃村となった村のひとつである。平井村は、村域の中央部が放水路用地となり、右岸が南葛飾郡小松川町、左岸が奥戸《おくど》村に分割編入された。平井小学校が荒川右岸の江戸川区にあるのに上平井《かみひらい》小学校が左岸の葛飾区にあるのは、このときの経緯があるからだ。

村の中央を放水路が通ることになった小松川村の場合、右岸の地域は、旧平井村・旧船堀村の一部と合体して小松川町が誕生。左岸の地域は松江《まつえ》村に編入された。村の西部を放水路が貫いた船堀村も廃村となり、ほとんどの地域が松江村に編入されている。大木村、平井村、小松川村、船堀村の四村とも、村の廃止は大正三年四月一日である。

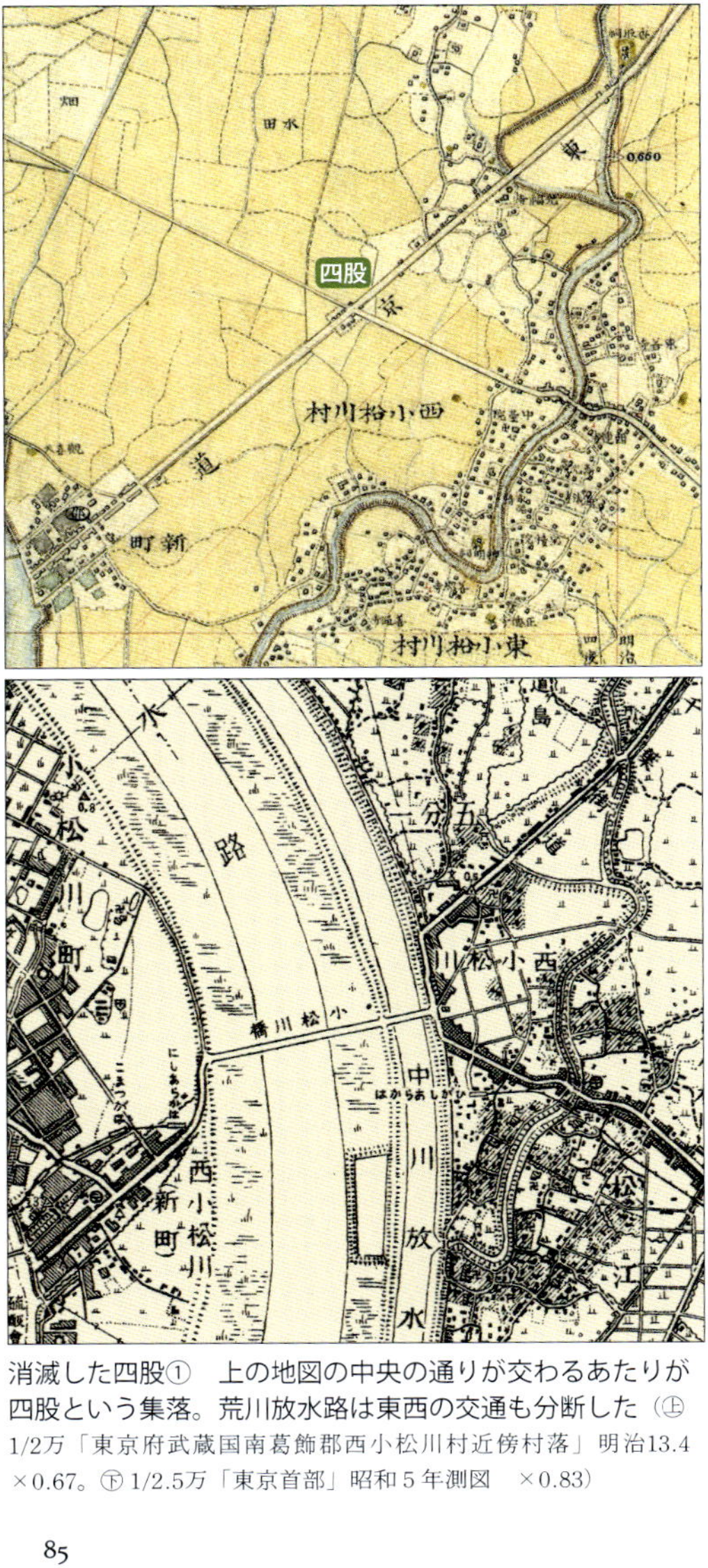

消滅した四股①　上の地図の中央の通りが交わるあたりが四股という集落。荒川放水路は東西の交通も分断した（㊤1/2万「東京府武蔵国南葛飾郡西小松川村近傍村落」明治13.4 ×0.67。㊦1/2.5万「東京首部」昭和５年測図　×0.83）

消滅した四股②　クルマ社会となった現代においては、荒川を人が歩いて渡ることはまったく考慮されていない。川をまたぐ道路は、両岸の集落をただ通過していくだけだ（1/1万「亀戸」平成10年修正　×0.33）

両岸に残る痕跡を探して

荒川放水路で分断されることになる道路や水路も付け替えられた。もともと自然な形でつながっていた道や川が放水路建設で分断された痕跡《こんせき》は、開削前後の地図を見比べれば、歴然としている。荒川放水路にそんなに橋を架けるわけにもいかないので、築造された堤防にぶつかって、そこで途切れたままの道路も数限りなかった。

千葉《ちば》街道（今の国道一四号線）と行徳《ぎょうとく》街道（浅草と行徳を結んでいた街道）が交わる交差点には、その名も四股《よつまた》という二〇戸ほどの集落があった。今の荒川下流の小松川橋あたりだ。交通の要衝として知られた場所で、小松川村の役場や松川《まつかわ》尋常高等小学校も置かれていた。ここも全戸移転となった。千葉街道と行徳街道がきれいなXを描いて交差していた道筋は、放水路の開通で人や物の動きが変わったため、行徳街道の方はすっかりさびれてしまった。

鉄道も各所で路線変更が実施された。当時工事区域を通っていた鉄道は、官鉄の常磐《じょうばん》線・総《そう》武《ぶ》本線のほか、東武《とうぶ》鉄道と京成電気軌道（現京成電鉄）の私設鉄道二社があった。なかでも東武鉄道は、二ヵ所で大きなルート変更を余儀なくされている。東武鉄道伊《い》勢《せ》崎《ざき》線の鐘ヶ淵〜牛《うし》田《だ》間は、現在は放水路の堤防脇を走っているが、新線に付け替えられる前は、今の荒川放水路

現在の東武伊勢崎線堀切駅付近　左の隅田水門で隅田川と荒川は結ばれている

東武鉄道旧線路跡の碑　昭和49年の建立

現在の四ツ木駅より約200m北の小道が軌道跡。旧四ツ木駅もこの付近にあった

中央あたりまで大きな弧を描いてカーブしていた。途中駅の堀切は、堤防脇の急カーブ上に位置しているため、列車は傾いてホームに停車する。車両とホームの間の隙《すき》間《ま》も広く空いており、乗降のさいは恐怖心すら湧《わ》くほど。同じく現在は荒川を橋梁でまたいでいる北千住《きたせんじゅ》〜西新井《にしあらい》間は、放水路予定地上で大きくカーブして、常磐線と立体交差していたのである。軌道跡は、千住新橋《せんじゅしんばし》から西新井に向かってまっすぐ延びる道路となって残る。梅島《うめじま》駅近くの三叉路には、「左　東武鉄道旧線路跡」という小さな石碑が立つ。梅田七丁目交番が目印である。

放水路開通と相前後して、総武本線と京成電気軌道には、それぞれ新小岩《しんこいわ》駅（昭和三年〔一九二八〕）と荒川駅（現八広駅。大正十二年〔一九二三〕）が開業しているが、これも放水路の副産物といえるだろう。この時期に開業した大きな理由は、従来の駅を利用していた人が放水路開通によって事実上利用できなくなったことと、橋梁工事や軌道付け替え工事を実施したことが作用しているからだ。

東京東部をうねって流れる中川は、放水路開削の影響をもっとも受けた河川である。明治時代までの中川下流部は、標高五メートル以下の低地帯を細かく屈曲しながら、独立した河川として、今の荒川河口付近に注いでいた。しかし荒川放水路の流路は、中川を横断するかたちとなり、その後の中川の姿を大きく変貌《へんぼう》させている。

現在の中川は、荒川放水路にぶつかるところで綾瀬川と合流して、荒川と並行しながら東京湾に注いでいる。放水路より下流を流れていた中川は、旧中川と名を変え、両端部は荒川放水路の堤防で閉め切られて三日月湖状態となった。

小名木川閘門　今も閘門を開閉する機器が残る

昭和初期には荒川放水路と旧中川との間に小名木川閘門《おなぎがわこうもん》（昭和二年〔一九二七〕完成）や小松川閘門（昭和五年完成）が整備されており、両河川の間を船舶で行き来することが可能だった。閘門とは、水位の異なる河川や運河などの水路の間で船を往来させるための設備である。世界的にはパナマ運河が有名だが、日本にも江戸時代に今のさいたま市内に見沼通船堀《みぬまつうせんぼり》という閘門を用いた運河が存在した。小名木川閘門と小松川閘門は、荒川放水路の水位の変動を調整し、船舶をスムーズに通過させるために設けられたのである。

昭和二年には船舶が一日平均七六六隻（小名木川閘門）も通ったというが、昭和三十年代に入ると急速に通過船舶は減少。一日に数隻しか通らない状況となった。昭和三十九年に小名木川閘門は水門に改修され、残った小松川閘門も昭和五十一年に役割を終えた。現在小名木川水門のあったところには小松川第二ポンプ場が建設され、旧中川の水を荒川に排水する役割を担っている。いっぽう、小松川閘門の水路は埋設されたが、周辺は大島《おおじま》小松川公園として整備され、今もヨーロッパの城砦《じょうさい》のような重厚な閘門の上部を見ることができる。

小松川公園は、河口から約五キロメートル上流にある。それでも、このあたりから眺める荒川は、もはや川というより大海である。人に教えられないかぎり、そこが人工河川で、水面の下にかつて村々が存在したことなど、夢にも思わない。

6 幻の山手急行電鉄計画

放射状線と環状線

渋谷と吉祥寺《きちじょうじ》を最短一七分で結ぶ京王《けいおう》井の頭線。他線に乗り入れることのないこの路線を地図で見ていると奇妙なことに気づく。渋谷から北西に向かってほぼ一直線に延びた路線のなかで、新代田《しんだいた》から明大前の先までの区間だけが、クランク状に左右に折れ曲がっているのだ。じつはこの奇妙な路線のねじ曲がりこそ、東京山手急行電鉄の痕跡だったのである。

しかし東京山手急行電鉄とは聞かない名前である。東京において山手を冠する鉄道は、ＪＲ山手《やまのて》線以外なかったはずだ。だが、戦前には、一時「東京山手急行電鉄」という会社が存在し、壮大な構想のもとに環状新線を生み出そうとしていたのである。

この鉄道会社が具体化するきっかけとなったのは大正十二年（一九二三）の関東大震災だった。大震災は、東京周辺の人々の動きを流動化させた。震災で焼け出された都心部の住民が、郊外に移り住むなどしたからだった。家の戸口に掲げる表札が東京で一般化したのは、関東大震災後といわれる。それほど震災後は住民の移動が激しかったのだ。

郊外の人口増加を背景に、大正から昭和初期にかけ、渋谷、新宿、池袋、上野など、山手線のターミナル駅から放射状に次々と私鉄線が開通した。だが、それらを結ぶ環状線は存在しなかった。あたかもそれは、縦糸ばかりで横糸がほとんどない蜘蛛《くも》の巣だった。

鉄道の場合、完全に周回運転する首都圏の鉄道線は、昔も今も都心部の山手線しか存在しない。山手線が完全な周回運転を開始したのは意外に新しく、関東大震災後の大正十四年である。平成十二年（二〇〇〇）に全線開通した都営地下鉄大江戸《おおえど》線は、「東京環状線（ゆめもぐら）」という名称で決まりかけたが、周回運転していないのに環状線と名乗るのはおかしいという異論が石原慎太郎《いしはらしんたろう》都知事から出て、再度選考が実施された結果、大江戸線と変更されている。

第二の山手線

民間資本の側にも、山手線の外側に環状線を建設する計画がなかったわけではない。それが東京山手急行電鉄なのだった。

民間の第二山手線構想は、関東大震災前の大正十年（一九二一）から存在したが、当時の政治経済情勢を反映して、その後、事実上頓挫《とんざ》していた。しかし三十四銀行（三和《さんわ》銀行〔三菱《みつびし》東京UFJ銀行の前身のひとつ〕の母体）東京支店長の太田一平《おおたいっぺい》という人物が発起人総代に就任した大正十五年八月から、第二山手線構想がふたたび動き始めたのである。翌月には発起人会の名称を東京山手急行電鉄と変更、十二月には免許の再申請を行っている。

さまざまな免許申請が提出されたなかから、太田のもとに敷設免許が交付されたのは昭和三年（一九二八）八月だった。このとき、太田の奔走で、錚々《そうそう》たる鉄道・経済人が発起人に名を連ねた。そのなかには、小田原《おだわら》急行鉄道（現小田急電鉄）社長の利光鶴松《としみつつるまつ》をはじめ、東京電燈社長若尾璋八《わかおしょうはち》、京阪《けいはん》電気鉄道社長太田光熙《おおたみつひろ》、東京地下鉄道（東京メトロの前身のひとつ）専務早《はや》川徳次《かわとくじ》、伊那《いな》電気鉄道（JR飯田《いいだ》線の前身のひとつ）社長渡辺嘉一《わたなべよしかず》、大阪電気軌道（現近畿《きんき》日本鉄道）社長金森又一郎《かなもりまたいちろう》、王子電気軌道（都電荒川線の前身）社長金光康夫《かねみつやすお》、玉川電気鉄道（東京横浜電鉄〔現東急〕に吸収）社長津田興二《つだこうじ》などがいた。

太田一平という旗振り役を得たことで、計画は急速に現実味を帯びることになる。昭和三年九月には小田原急行の利光鶴松が取締役社長に就任、本社を小田急本社社屋に置いた。三十四銀行の太田一平は、東京電燈の若尾璋八とともに、副社長に就任している。

当初の計画では、大井町《おおいまち》（京浜《けいひん》線〔現京浜東北《けいひんとうほく》線〕）を始発に、戸越銀座《とごしぎんざ》（池上《いけがみ》電気鉄道〔現東急池上線〕）、武蔵小山《むさしこやま》（目黒蒲田《めぐろかまた》電鉄〔現東急目黒線〕）、碑文谷《ひもんや》（現学芸大学、東京横浜電鉄〔現東急東横《とうよこ》線〕）、三軒茶屋《さんげんぢゃや》（玉川電気鉄道〔現東急田園都市線〕）、下北沢《しもきたざわ》（小田原急行鉄道〔現小田急小田原線〕）、代田橋（京王電気軌道〔現京王電鉄京王線〕）、中野（中央線）、新井薬師前《あらいやくしまえ》（西武鉄道〔現西武新宿線〕）、東長崎《ひがしながさき》（武蔵野鉄道〔現西武池袋線〕）、下板橋《しもいたばし》（東武鉄道東上線）、板橋（赤羽《あかばね》線〔埼京《さいきょう》線〕）、駒込《こまごめ》（山手線）、田端《たばた》（山手線）、北千住（常磐線）、鐘ヶ淵（東武鉄道伊勢崎

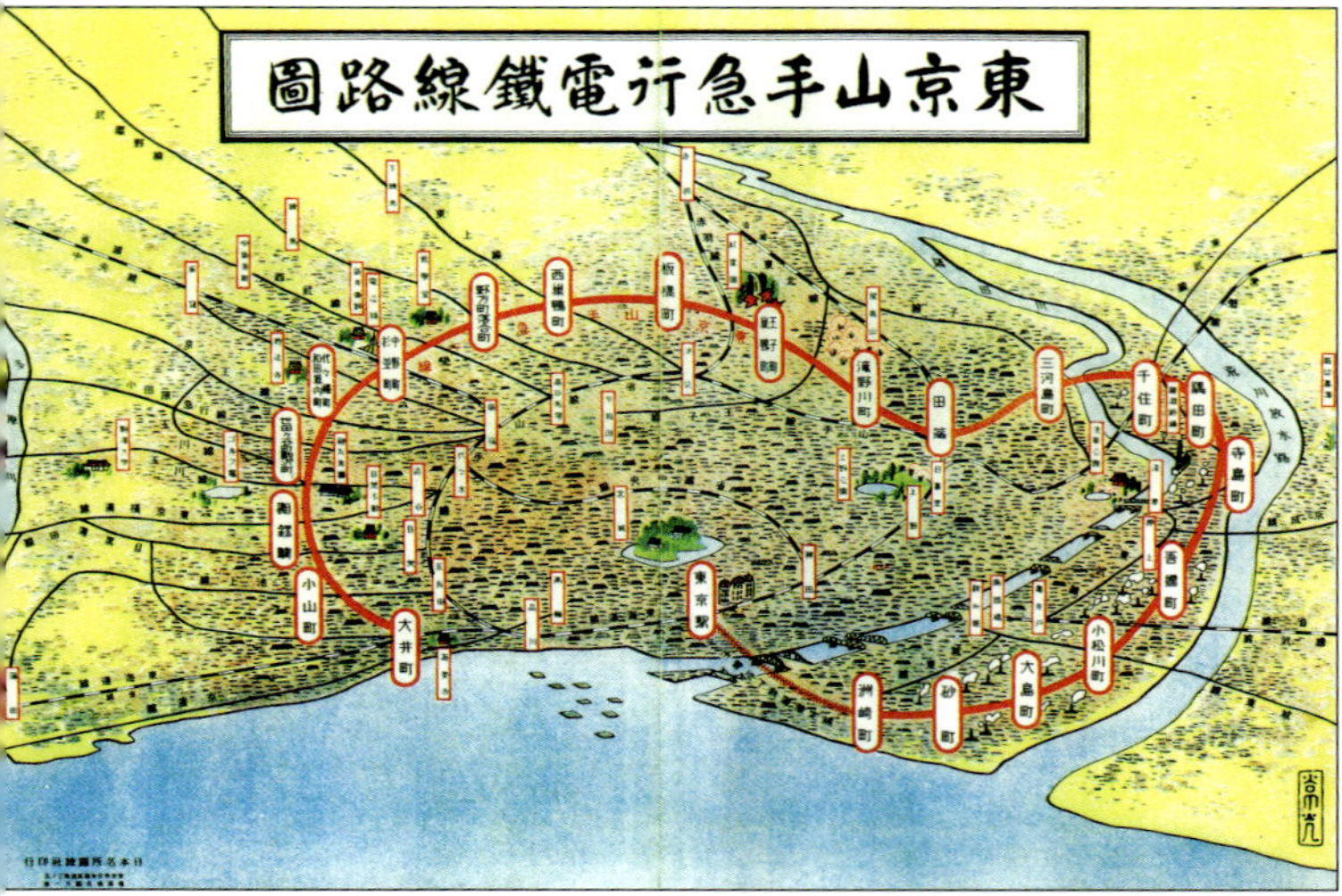

東京山手急行電鉄の株式募集パンフレットに付された路線図　当時の東京近郊の都市を文字どおり串刺しにする大胆な計画である

線）、平井《ひらい》（総武線）を結んで、洲崎《すさき》（東陽《とうよう》町《ちょう》）にいたるルートだった。さらに洲崎からは市営地下鉄道が東京駅まで直結することを目論《もくろ》んでいた。

昭和四年五月には、西側の大井町～駒込のルートを九品仏前《くほんぶつまえ》（現自由《じゆう》が丘《おか》、東京横浜電鉄（現東急東横線））～梅ヶ《うめが》丘《おか》（小田原急行鉄道）～松原《まつばら》（現明大前、京王電気軌道〔現京王電鉄京王線〕）～中野経由に変更している。当初案より一部やや外側にふくらむルートとなった。

当時、沿線の全区間が東京市外の郡部だった。とはいえ、関東大震災後、罹災した市民などが沿線予定地に転居したため、予定地域のほとんどで人口が急増しており、地価も高騰していた。採算性を考えた場合、敷設後の沿線人口は多いほどよいが、用地買収の段階では沿線に人がいない方がいい。いつの時代も変わらぬジレンマに直面していた。
　東京山手急行電鉄の建設資金に直結する株式募集は順調だった。東京山手急行電鉄の株式募集パンフレットを見れば、誰《だれ》もが投資したくなる。そんな薔薇《ばら》色の夢が躍っていた。曰《いわ》く――。

「一、山手急行は日本唯一の電鉄なり」
「二、山手急行と同型なる省線《しょうせん》山手線の乗客数は日本第一なり」
「三、山手急行は都市の串刺《くしざし》電車なり」
「四、山手急行は踏切なしの電車なり」
「五、山手急行は既設未設の電鉄三十一線と交叉《こうさ》連絡す」
「六、山手急行は宝蔵電車なり」
「七、山手急行は工場電車なり」
「八、山手急行は通学電車なり」
「九、山手急行は遊覧電車なり」
「十、山手急行は花柳《かりゅう》電車なり」
「十一、山手急行は水陸連絡電車なり」
「十二、山手急行は開業初年度より高率の配当可能なり」

このパンフレットは相当の枚数が印刷、配布されたらしく、八〇年以上経った今でも、古書店やネットオークションでたやすく入手することができる。

ところでパンフレットの内容には、いくつか補足が必要だろう。「同型なる省線山手線」「都市の串刺電車」「既設未設の電鉄三十一線と交叉連絡す」は環状線の長所を強調した謳い文句、「水陸連絡電車」とは、途中の北千住や鐘ヶ淵で隅田川水運との連携がはかられるという意図を示している。「踏切なしの電車なり」とは立体交差のこと。東京山手急行電鉄は、軌道を一部高架、その他を掘割（パンフレットには「塹壕《ざんごう》式」とある）にすることですべての道路や鉄道と立体交差させることを計画していたのだ。交差する鉄道会社や東京府など関係機関との利害に配慮し、事業を円滑に進める目的があったと思われるが、同時に工費の大幅な増額を意味し、ただでさえ難しい事業継続を困難にする要因となった。

井の頭線の建設

太田一平は、やり手だった。政界への工作も露骨だったようで、昭和四年（一九二九）十一月には疑獄事件に連座して収監、起訴されてしまう。太田が表舞台から姿を消したころから、東京山手急行電鉄は新たな展開を見せる。渋谷急行電気鉄道という、昭和三年一月に渋谷〜吉祥寺を結ぶ鉄道敷設免許の交付を得ていた団体が行き詰まり、小田急傘下に入ったのである。当時は金融恐慌が日本経済を襲い、各社とも生き残りに必死な時期だった。小田急社長でもあった利光は、昭和六年二月に東京山手急行電鉄に渋谷急行電気鉄道を吸収。社名を東京郊外電鉄と改め、再出発をはかった。

建設資金が割高な掘割式工法と買収の難航など難問が山積する山手急行線を尻目《しりめ》に、渋谷〜吉祥寺間（現京王井の頭線）が先に着工された。工事は順調に進み、昭和九年四月に全線開通している。工事途中の昭和八年一月には社名を帝都電鉄と改称している。

帝都電鉄の工事が進んでいた昭和七年十月、東京市は、周辺町村を吸収して大幅に市域を広げた。それまでの一五区から三五区制となり、現在の東京二三区とほぼ同区域がこのときから東京市となったのである。東京郊外電鉄が帝都電鉄と社名を変えたのもこのことが影響していた。「郊外」から「帝都」へ、である。

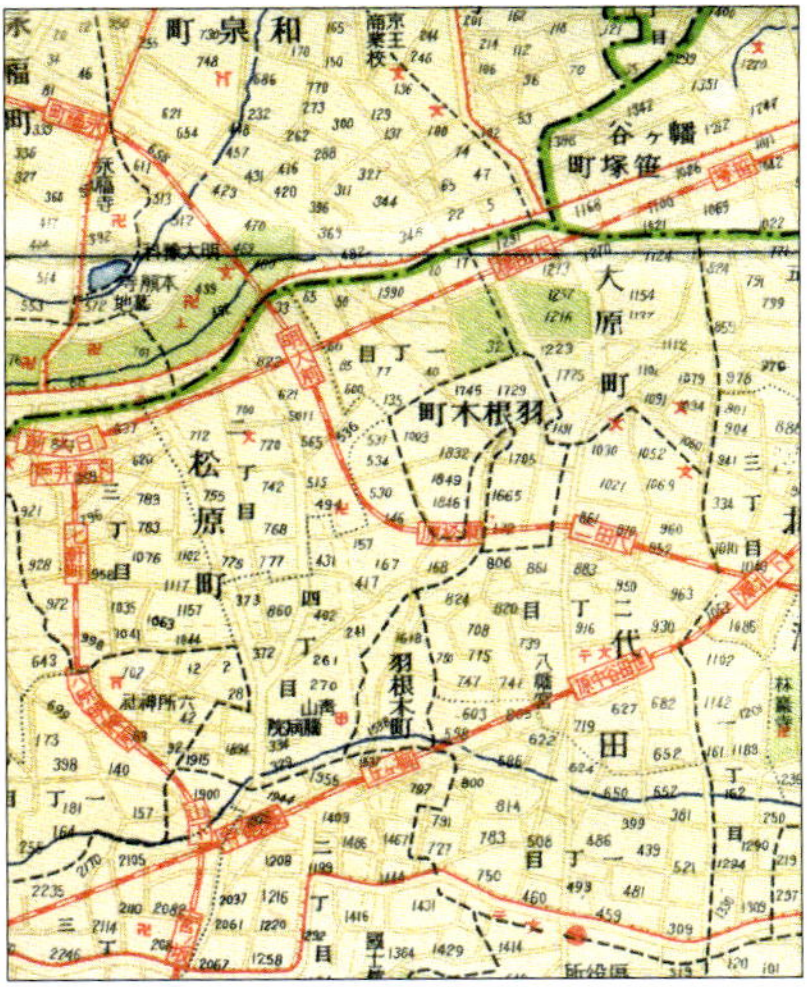

クランク状に折れ曲がった井の頭線（永福町〜下北沢）　山手急行と並走させるためではないのか？（『大東京明細地図』文彰堂、昭和15年）

山手急行予定地が東京市に組み込まれたことで、東京市の都市計画が適用されることになった。このため、都市計画道路や河川などとの交差区間について、東京市との協議が必要となり、新規路線敷設のハードルはいっそう上がってしまった。この期におよんでも山手急行線は、着工のめどすら立っていない。

しかし帝都電鉄は、松沢《まつざわ》駅（その後西松原《にしまつばら》駅として開業）付近で山手急行線との接続を予定しており、周辺では将来の乗り換えを見越して、両線を並走させる構造となっていた。そのため、この区間では、井の頭線の路線がクランク状にねじ曲げられたように不自然なカーブになったのである。これこそ幻の山手急行線の痕跡なのだ。

帝都電鉄線渋谷～井の頭公園間が先行して開通したのは昭和八年八月である。今では井の頭線は全区間閑静な住宅地のなかを走っているが、開業当時は畑のなかに小さな集落が点在しているといった状況だった。市街地を横断しなければならなかった山手急行線とは異なり、市街化されていない農地中心に敷設した帝都線は、用地買収にも時間がかからなかったのだ。

昭和九年四月、明治大学予科が陸軍和泉新田《いずみしんでん》火薬庫の跡地に移転してきた。現在の明治大学和泉キャンパスである。隣接する築地《つきじ》本願寺《ほんがんじ》和田堀廟所（震災で被災した築地本願寺墓地の移転先）ともども、大正中期までは幕末の幕府焔硝蔵《えんしょうぐら》以来の歴史をもつ火薬庫が置かれていたところだった。

昭和十年二月八日、帝都電鉄線西松原駅は明大前駅と改称している。そして同じ日、京王電鉄火薬庫駅が明大前駅と改称して、約三〇〇メートル東の帝都電鉄線と交わる現在地に移転開業している。現在では同じ京王電鉄の路線だが、当時はまったく別資本の鉄道だった。

結局、山手急行線の計画がこれ以上進展することはなかった。昭和十年十二月、帝都電鉄は

火薬庫駅跡　現在の明大前２号踏切付近

駒込～洲崎間の施工認可申請を取り下げ、次いで昭和十五年三月、残る大井町～駒込間の申請も取り下げてしまった。壮大な計画は、見果てぬ夢で終わったのだ。

帝都電鉄は昭和十五年五月に小田原急行鉄道に吸収されて小田原急行鉄道帝都線となった。そして戦時下の昭和十七年五月、小田原急行鉄道は京浜《けいひん》電気鉄道（現京浜急行電鉄）とともに東京横浜電鉄と合併して、社名を東京急行電鉄とした。東京南西部の私鉄が合併した、いわゆる「大東急」時代のはじまりである。

終戦後の昭和二十三年、東京急行電鉄（大東急）から小田急電鉄・京浜急行電鉄・京王帝都電鉄の三社が分離、大部分が合併前の会社線に戻った。しかし旧帝都線だけは小田急電鉄ではなく、京王帝都電鉄の路線となって、現在にいたっている。

山手急行線の遺構

山手急行線の夢の遺産は、明大前駅付近での接続準備工事と小田急線梅ヶ丘から明大前までの用地取得だった。詳細な予定路線跡は不明だが、梅ヶ丘から明大前付近へは北《きた》沢川《ざわがわ》の支流が流れており、当時の地図を見ると、この川沿いだけは住宅は存在せず、水田となっている。標高差もないため軌道を敷くのに適していたと思われる。

明大前駅付近の遺構は、駅の北側の甲州街道沿いに井の頭線に架橋された玉川上水橋がいちばんわかりやすい。この橋の構造を見ると、明らかに複々線を走らせる余裕をもって架橋していることがわかる。井の頭線が使用するのは西側の二線分だけで、残る東側の二線分は空きス

玉川上水橋　４線分の軌道が確保されている。橋上を玉川上水の導水管と人道橋が通る

明大前駅南に延びる駐輪場　係員に訊ねたところ、やはり京王電鉄の土地だった

ペースとなっている。もし山手急行線が実現していれば、西側二線を山手急行線が使用し、東側二線を井の頭線が使用したはずである。井の頭線明大前駅の掘割（切り通し）部分も複々線用地を予感させる幅をしており、中央の二線分だけを井の頭線が使用し、両脇の空きスペースは、資材置き場やエスカレーターのスペースとして流用されている。

明大前駅の南側には京王電鉄が保有する短冊状の駐車（輪）スペースが点在するが、ここはもともと山手急行線用地として買収した土地だった可能性が高い。

幻の新線

じつは幻の新線計画は、山手急行だけではなかった。たとえば昭和二十年代、井の頭線は吉祥寺から田無《たなし》を経て東久留米《ひがしくるめ》まで延伸する計画があった。井の頭線終点の吉祥寺駅が高架上に設置されているのは、中央線を乗り越し、延伸を意識していたためだともいう。しかし田無以北は西武鉄道の〝ナワバリ〟である。案の定、保谷《ほうや》から東伏見《ひがしふしみ》を経て吉祥寺に乗り入れようとする西武鉄道側と激しい免許争奪戦になり、結局喧嘩《けんか》両成敗のように両者の路線計画は頓挫した。

クルマ社会が到来する昭和三十年代以前は、各地に新線計画が数えきれないほど存在した。実現した計画はごくわずかで、頓挫した計画の方がずっと多かった。しかし鉄道人にとっては、薔薇色の夢が描けた幸福な時代だったのかもしれない。

7 軍都の面影を訪ねて

二・二六事件と第一師団――麻布・六本木

平成十九年（二〇〇七）、六本木《ろっぽんぎ》に相次いでオープンした東京ミッドタウンと国立新美術館の敷地は、もとをたどれば軍用地である。高さ二四八メートルと、都庁を抜いて東京一の超高層ビルがそびえる東京ミッドタウンは、平成十二年まで防衛庁の所在地だった。かつて、六本木交差点を抜けると塀が続き、塀が途切れると、制服自衛官が門を警備しているのに出くわして驚いたものだ。この場所は戦前、歩兵第一聯隊《れんたい》（麻布《あざぶ》聯隊）が置かれていたところである。どことなくヨーロッパの城を思わせる聯隊本部庁舎は、防衛庁時代も二〇号館として使用され、聯隊当時の営門も残っていた。

また、国立新美術館の建つ場所も、戦前は歩兵第三聯隊（麻布三聯隊）が使用していた。美術館建設がはじまるまで、ここには東京大学生産技術研究所があったが、その庁舎は、昭和三年（一九二八）に完成した鉄筋コンクリートの歩兵第三聯隊兵舎をそのまま使っていたのであ

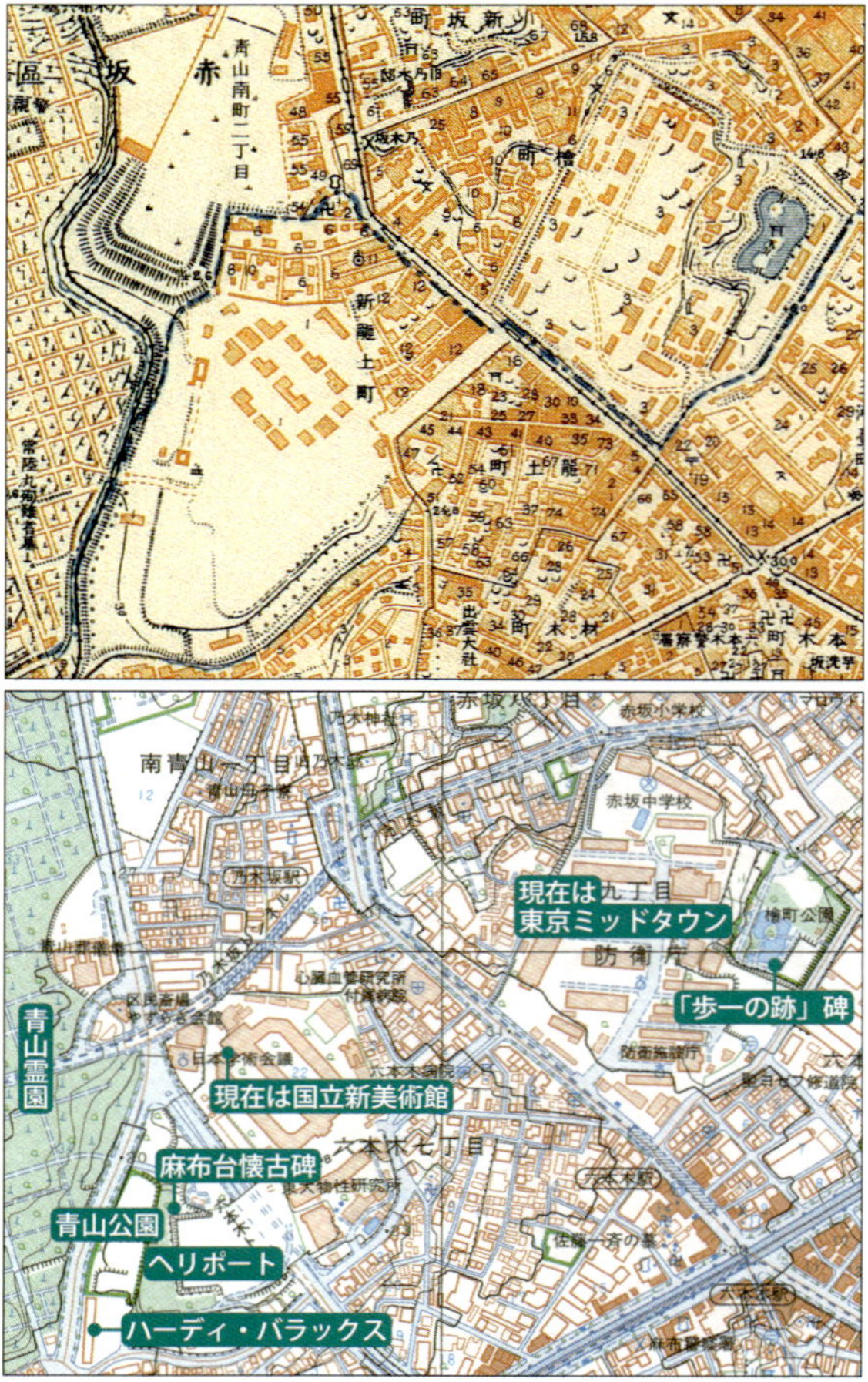

第一師団付近　上の地図には第一師団司令部と射撃場（左上）、歩兵第三聯隊（中左）、歩兵第一聯隊（右上）があるはずだが、「戦時改描」のため、名称は省かれ、建物は改変して描かれている（㊤ 1/1万「三田」昭和12年修正測図　×0.75。㊦ 1/1万「渋谷」平成11年修正　×0.75）

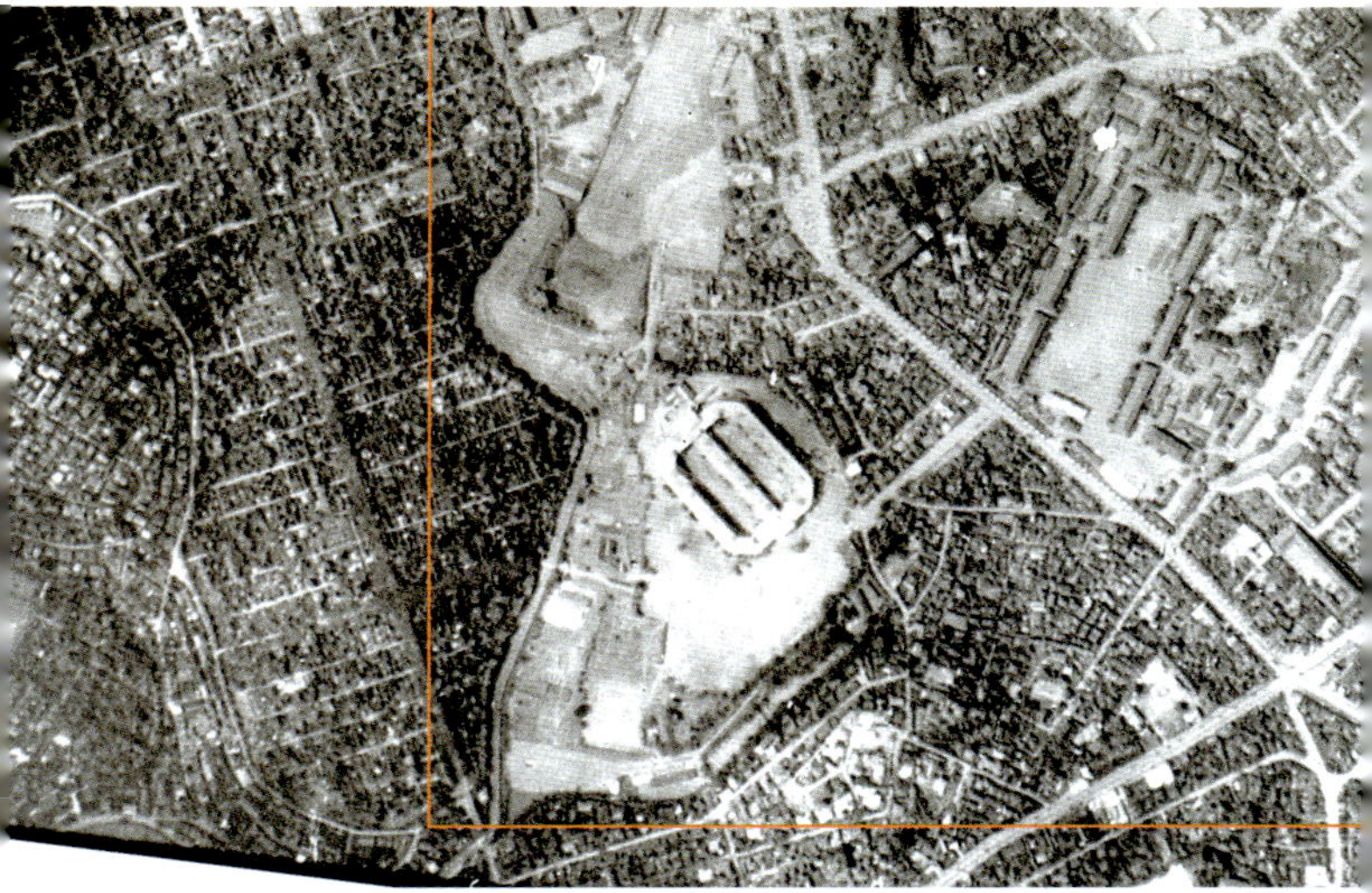

青山霊園と第一師団付近の空中写真　右ページの地図と上の写真を見比べると、実際の建物がどのように偽装されたかがよくわかる（㊤昭和11年陸軍撮影。㊦平成21年国土地理院撮影）

る。この建物は、上から見るとθ《シータ》型をしており、建設当初からエレベーターやスチーム暖房、水洗トイレを備えた斬新《ざんしん》な建築として有名だった。昭和十年代の地図では、細かく分割された建物として記載されているが、これは敵の目を欺《あざむ》くための嘘《うそ》（戦時改描）で、じつは大きな兵舎が屹立《きつりつ》していたわけである。ほかの部隊も同様の扱いで、大正時代には聯隊名まで記載されていたものが、昭和十年代の地図では、聯隊名が記載されないだけでなく、構内の建物をわざ

陸軍省所轄地標㊤と陸軍標　上下ともTBSのある赤坂サカスの北側の通り脇に50mほど離れて残る

とでたらめに描いていた。地図は一見、平和そのものに見えても、その裏にはじつはまったく別の景色が広がっていたのだ。

戦前、東京にあった軍事施設の数は飛び抜けて多かった。東京こそが日本最大の軍都だったのである。

都心に駐屯する歩兵第一聯隊（歩一）と歩兵第三聯隊は、二・二六事件で蹶起《けっき》した主力部隊でもあった。昭和十一年二月二十六日早暁、訓練という名目で完全軍装に身を固めて麻布の営門を出た兵士は、総理官邸をはじめ、政財界の要人宅を襲い、同時に都心を占拠した。

東京ミッドタウンからさほど離れていない赤坂サカス付近は、近衛歩兵第三聯隊のあった場所である。近衛歩兵第三聯隊も、二月二十六日に蹶起した部隊である。戦前の面影はまったくないが、今も「陸軍」「陸軍省所轄地」と刻んだ標石が赤坂サカスの少し北を通る小道脇に残る。歩兵第一・第三聯隊を管轄した第一師団司令部は、南青山《みなみあおやま》一丁目にあったが、今はその痕跡すらない。

「歩一の跡」碑

麻布十番など、界隈が栄えたいちばんの要因は、このあたりに多数の兵士が駐屯していたからである。休暇になると兵士たちが外に繰り出し、町が潤ったのだ。いわば企業城下町と同じく、町と軍はもちつもたれつの関係だった。

歩兵第一聯隊の庁舎は取り壊され、歩兵第一聯隊の遺構といえるものは、市ヶ谷の防衛省構内に移築・復元された営門だけとなった。ただ、東京ミッドタウンの隣にある檜町《ひのきちょう》公園の一角には昭和三十八年建立の「歩一の跡」碑が立つ。いっぽう、歩兵第三聯隊の遺構といえるの

歩兵第一聯隊営門　市ヶ谷の防衛省構内に移設

歩兵第三聯隊の兵舎の一部（国立新美術館別館）

は、ほんの申し訳程度、輪切り状態にされて国立新美術館の敷地に残る兵舎だけである。誰が呼びはじめたのか、〝ケーキカット・ビル〟という名前が、無残な現状を的確に表現している。どこまでもカーブした廊下の続く昔日の堂々たる庁舎を目にした者にとっては、別物といっていいくらい印象が違う。

今も麻布界隈は依然として軍都である。ただし主役は日本軍ではない。アメリカ軍だ。昭和三十年代前半まで、周囲の旧陸軍用地全体は、ハーディ・バラックスと呼ばれた進駐軍兵舎だった。戦後の青山・六本木地区がアメリカナイズされた原因は、この地に多数のアメリカ兵が駐屯していたためだった。敷地の大部分は返還されたが、青山霊園に面した青山七丁目にはハーディ・バラックスが存在し、今なお二三区内最大のアメリカ軍拠点となっている。

麻布台懐古碑　石碑のすぐ裏手がヘリポートだ

六本木トンネルの上部にはアメリカ軍のヘリポートが設置され、横田・厚木《あつぎ》・座間《ざま》の各基地を連絡するヘリコプターが頻繁に発着する。周囲を高いフェンスが囲い、「在日米陸軍地区　許可なき者立ち入り禁止　違反者は日本国法律により罰せられます」の文字が目を奪う。いわば日米地

近衛第一師団司令部（国立近代美術館工芸館）　重要文化財に指定されている

位協定が剥《む》き出しの形で存在しているのだ。

　隣接する都立青山公園は、永久に工事半ばである。本来ならハーディ・バラックスやヘリポートの全面返還で広い公園となるはずだったのだが、完工のめどはまったく立っていない。公園と呼ぶにはあまりにも狭い丘状の敷地には、近衛歩兵第五聯隊と歩兵第三聯隊の有志が戦後に建てた「麻布《あざぶ》台《だい》懐古碑」が残る。近衛歩兵第五聯隊は昭和十四年に創設され、歩兵第三聯隊が満洲に派出していったのちに麻布に駐屯した部隊である。

近衛師団の遺構——北の丸

　都心の衛戍《えいじゅ》部隊といえば、先の第一師団のほかには近衛師団があった。日本武道館のある北の丸公園は、戦前の地図を見ればわかるとおり、聯隊兵舎が井桁《いげた》状に建ち並んでいた。かつて近衛師団隷下の近衛歩兵第一聯隊と第二聯隊が駐屯していたのである。園内にひっそりと、近衛歩兵第一聯隊と第二聯隊の記念碑が建立されている。

　公園の南西端には、近衛第一師団司令部（現国立近代美術館工芸館）がある。昭和二十年（一九四五）八月十五日未明、森赳《もりたけし》師団長斬殺という衝撃的な宮城《きゅうじょう》事件（戦争継続を主張する陸軍

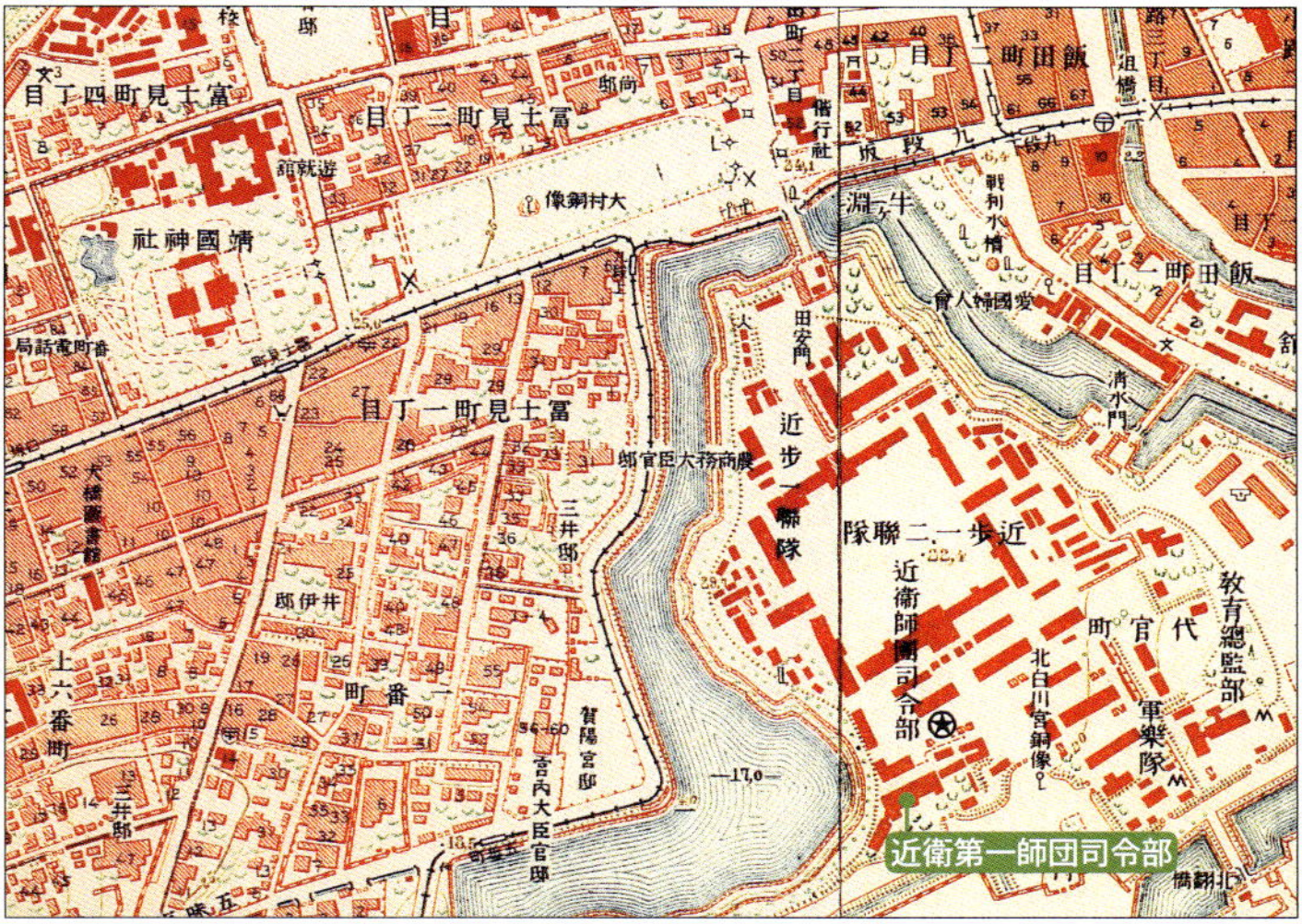

北の丸と偕行社（1/1万「日本橋」大正10年修正、「四谷」大正10年修正　×0.75）

の一部将校によるクーデター）の幕開けを告げる舞台となった建物だが、内部は展示スペースに改造されて、司令部時代の面影は中央の階段周辺とホールの部分などに残るのみだ。

偕行社と水交社

九段坂上の靖国神社参道大鳥居前には、終戦まで偕行社《かいこうしゃ》という組織があった。将校の親睦《しんぼく》をはかる目的で設立された陸軍の外郭団体である。設立は明治十年（一八七七）二月で、一説には西南戦争直前の陸軍を覆っていた殺伐とした空気を和らげる目的があったといわれる。

偕行社の建物は、アメリカ軍の空襲で外壁を残して完全に焼け落ちた。偕行社があった場所は、戦後から平成にかけて日本住宅公団（現都市再生機構）が使用していたが、今は東京理科大学九段校舎になっている。靖国神社大鳥居を望む位置にあり、戦死者の魂と会話できそうな位置関係だ。今も牛ヶ《うしが》淵《ふち》のお濠端《ほりばた》に建つ九段坂上の高灯籠は、昭和五年（一九三〇）の九段坂の道路改修まで、偕行社のすぐ脇にあった。高灯籠は、東京招魂社（靖国神社の前身）に祀《まつ》られた霊を慰めるために、明治四年に建立されたものである。

偕行社　明治36年ごろ（国立国会図書館蔵）

水交社跡に建つメソニックビル

海軍にも、偕行社同様、士官の親睦団体が存在した。それが水交社《すいこうしゃ》である。明治九年に海軍省の外郭団体として発足し、築地の海軍省用地（現東京中央卸売市場）に設立された。関東大震災後の昭和三年に、ソ連大使館（現ロシア大使館）近くの麻布飯倉《いいくら》町三丁目（現麻布台二丁目）に移った。終戦とともに解散となり、昭和十年に完成していた建物は、連合軍がサロンとして使用したが、いかなる経緯か昭和二十五年に東京メソニック協会（フリーメイソン）が入手して、その本部となった。旧水交社敷地には東京メソニックビル、メソニック38ＭＴビル、メソニック39ＭＴビルが建ち、往時の面影はない。

在郷軍人会と九段会館

日露戦争後の明治四十三年（一九一〇）には、在郷軍人会が組織された。退役軍人の軍人精神向上、傷痍《しょうい》軍人・遺族の救護等を目的とした組織だった。国民皆兵を下支えする組織として、市町村・会社単位に分会が設置され、昭和二十年（一九四五）の終戦まで機能している。在郷軍人会の本部が置かれたのが、九段下《くだんした》に今も威容を見せる軍人会館（現九段会館）である。靖国神社に至近の位置なのは、地方の在郷軍人への配慮だろう。明治初期の地図を見ると、このあたりは靖国神社附属地となっている。

城郭風の屋根を載せたこの巨大な建物は、一度見たら忘れられないインパクトを残す。直線的な屋根の形状は、和風というよりどこか大陸風で、新京《しんきょう》（現長春《ちょうしゅん》）の関東軍司令部庁舎（現

軍人会館（九段会館）　日本を代表する帝冠様式の建築である

中国共産党吉林《きつりん》省委員会庁舎）を思わせる。会館の設計はコンペで競われ、南満洲鉄道建設課に籍を置いていた小野武雄の案が当選するが、実際に設計を担当したのは同潤会《どうじゅんかい》建築部にいた川元良一である。川元は戦後、渋谷合同庁舎の一角に立つ二・二六事件慰霊碑（渋谷区宇田川町《うだがわちょう》一―一〇）も設計している。奇《く》しき因縁とでもいおうか。

軍人会館の価値は建築だけにとどまらない。昭和十一年の二・二六事件のさいは、戒厳司令部が二階北面の広間「鳳凰《ほうおう》の間」に設置されている。原隊に復帰するよう呼びかけた、「兵ニ告グ」ではじまる有名な放送もここから発せられたのだ。事件から一年あまり経った昭和十二年四月には、三階の「真珠の間」で、愛新覚羅溥傑《あいしんかくらふけつ》（満洲国皇帝溥儀《ふぎ》の同母弟）と嵯峨《さが》侯爵家の令嬢浩《ひろ》の結婚式が盛大に行われている。溥傑は昭和十年に市ヶ谷台の陸軍士官学校を卒業しており、陸軍少尉に任官。結婚当時は満洲国軍中尉だった。

会館の屋上には靖国神社から分祀《ぶんし》された護国神社が鎮座している。これは靖国神社に不慮のことがあれば、その代わりとなることを想定したものだという。屋上東側の一角には、完成直後の昭和九年に天皇が観望したことを記念した、「天皇陛下御展望所」碑が立つ。

軍人会館は終戦直後に接収され、昭和三十二年まで士官宿舎「アーミー・ホール」として使用された。その後は日本遺族会に貸与され、九段会館として貸しホールや客室、レストランなどとして営業していた。夏になると、屋上は開放されてビアガーデンとなった。

平成二十三年（二〇一一）三月の東日本大震災では、ホールの天井が落下。死傷者を出す惨事となった。このため、五月になって会館の営業は中止となり、以後は入り口が堅く閉ざされている。このままでは会館の存続は難しいかもしれない。しかしこの建物は、貴重な文化財であるとともに、激動の歴史の証人でもある。ぜひ、現在地にそのままの形で残してほしい。

小石川砲兵工廠

陸海軍といえば昭和期のそれを思い浮かべるわれわれは、軍隊が旧弊に縛られた権威主義的で頑迷な組織と考えがちである。だが、発足当時の軍隊は、まぎれもなく近代化の先駆者的存在だった。近代の軍隊とは、そもそも合理的組織でなければならないはずである。なにしろ兵士ひとりひとりの生命がかかっていたわけだから。

工業化が進んでいなかった当時は、軍みずから、兵器や弾薬はもとより、軍服や軍靴などの軍装品まで自給しなければならなかった。そのため、本所《ほんじょ》の御竹蔵《おたけぐら》跡には被服本廠《ひふくほんしょう》が置かれ、小石川《こいしかわ》にあった水戸徳川家の上屋敷には東京砲兵工廠《こうしょう》が開かれている（一五一ページ参照）。小石川の砲兵工廠では、おもに小銃が製造されていたが、大正十二年（一九二三）の関東大震災

造兵廠記念碑　独特な碑の形は、造兵廠の敷地をかたどったもの

で被災したため、昭和二年（一九二七）に九州の小倉《こくら》に移転が決定。跡地は長期間にわたって更地となっていたが、昭和十二年に後楽園球場が建設されている。戦時中、一帯には機関砲隊、通信隊、防空隊、自動車隊が置かれ、球場の北側は高射砲陣地となった。球場のグラウンドは畑として耕された。後楽園球場が消え、東京ドームシティとなった現在は、砲兵工廠をはじめとする軍の施設があったことなど想像もつかない。ただ、隣接する小石川後楽園には、工廠時代の弾丸製造機械の一部や昭和十年に建立された「陸軍造兵廠東京工廠跡記念碑」が残されている。この記念碑があるのは、現在の門（西門）から入るといちばん奥の位置である。南東隅の池のほとりにひっそりと立ち、樹木の先には東京ドームの白い屋根がのぞく。しかし記念碑は最初から奥の目立たない場所に建てられたわけではなかった。現在は閉鎖されている正門からはすぐ前の位置にあり、かつては正門を入ると、造兵廠の大きな記念碑が、真っ先に来園者の目に飛び込んできたのである。

赤羽の陸軍施設群

大正八年（一九一九）に本所から被服本廠が移転した赤羽《あかばね》や十条《じゆうじよう》周辺には、明治初期から赤羽火薬庫が設けられていたが、明治二十年代以降、第一師団工兵第一大隊、近衛師団工兵大隊、王子火薬製造所、陸軍兵器支廠造兵廠、陸軍火工廠稲付《いねつけ》射場、十条兵器製造所など、都心から陸軍施設が次々と移転（あるいは新設）してきた。組織名は幾度も変わったが、そのほとんどは終戦まで残り、地域全体が陸軍と密接に結びつくこととなった。山手線と東北本線、そして赤羽線（現埼京線）に縁取られた広大な地域である。これら施設全体の面積は二〇六万平方メートルに達し、王子・滝野川《たきのがわ》両区（現北区）の約一割を占めていた。東京ディズニーランドの約四倍の面積に相当する。これだけの広大な軍需工場地帯でありながら、空襲の被害は軽微だった。明らかにアメリカ軍は、占領後の施設の活用を意図していたことがうかがえる。今も赤羽には、「師団坂通り」（北区赤羽台《あかばねだい》四丁目）といった軍部由来のバス停や地名が見られる。

この界隈には、少し前まで戦前の建物や遺構が当たり前のように残っていた。たとえば東京第一陸軍造兵廠十条工場跡に立地する陸上自衛隊十条駐屯地には、近年まで明治から大正期の工場や倉庫が二二棟も残っていた。しかしそれらは、平成に入って次々取り壊された。保存されたのは、変圧所として使用された二五四号棟のファサード（切妻破風《きりづまはふ》）ほか、ごくわずかにすぎない。

だが、かつてほどではないにせよ、周辺地域に戦前の遺構はいくつか残っている。たとえば

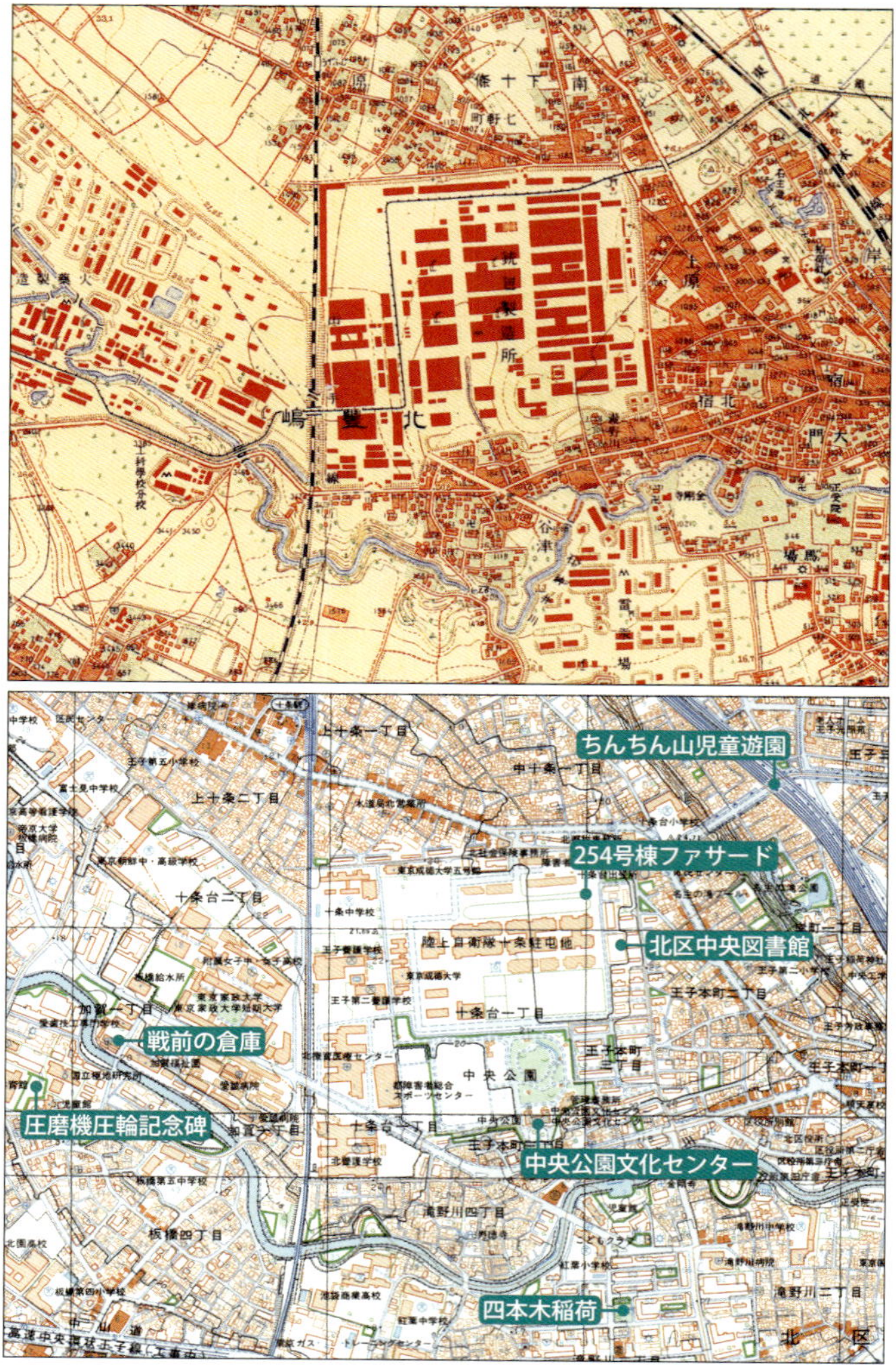

王子・十条付近（㊤1/1万「王子」大正10年修正測図　×0.5。㊦1/1万「赤羽」平成10年修正、「池袋」平成10年修正　×0.5）

王子～東十条《ひがしじゅうじょう》間の京浜東北線跨線橋《こせんきょう》下の小さな公園（ちんちん山児童遊園）に残る軍用軌道の跨線橋築堤下の道路トンネル入り口。トンネル上部についている紋章は東京砲兵工廠のもの。「ちんちん山」とは、軍用軌道を走る列車がチンチンと鐘を鳴らしながら通過したことから、軌道の築堤をそう呼んだらしい。

北区中央公園のなかに、北区中央公園文化センターが建っている。ここはかつての陸軍東京

変圧所のファサード　十条の自衛隊駐屯地に唯一残る〝赤煉瓦〟だ

ちんちん山のトンネル遺構　児童遊園の一角にある

第一造兵廠本館である。どことなく市ヶ谷台の旧士官学校庁舎と似た外観だ。アメリカ軍接収時は東京兵器補給廠の一部として長期間使用し、昭和三十六年（一九六一）から昭和四十一年ごろまではアメリカ極東陸軍地図局の活動拠点となった。最後のころはベトナム戦争の地図作成に忙殺されたという。地図局がハワイに去った後、昭和四十三年には、ベトナム戦争の傷病兵を収容する王子野戦病院が開設されている。一帯が「キャンプ王子」と呼ばれたこのころの王子周辺は、ベトナム反戦運動が燃え盛っていた。野戦病院開設直後の昭和四十三年三月にはデモ隊が病院内に突入して一部を占拠する事件が発生。一七九名が逮捕されている。

建物がやけに白いのは、接収したアメリカ軍が外壁を塗り直したためである。本来の外観は茶色だったという。じつはアメリカ軍が白く塗り替えた施設は、ここだけではない。市ヶ谷台の旧陸軍士官学校本部も接収当時は白く塗られていた。京都府舞鶴《まいづる》市に残る旧海軍機関学校大講堂（現海軍記念館）は、今でこそ創建当初の茶色の落ち着いた外観を取り戻したが、近年まで接収当時の白い外観をしていた。

旧軍用地に最後まで残った赤煉瓦倉庫、旧陸軍東京第一造兵廠第一製造所二七五号棟（大正八年）だけは、跡地に建設された北区中央図書館の一部として保存・活用されている。

造兵廠滝野川工場があった滝野川三丁目周辺にも遺構が点在している。四本木《よもとぎ》稲荷《いなり》は、かつての場内社だ。一見普通の神社に見えるが、境内の一角には、黒色火薬を製造した圧輪（火薬原料を混合し粉砕するさいの石臼《いしうす》状のもの）を利用した忠魂碑が、「火具製造所一同」名で建立さ

陸軍東京第一造兵廠本館（北区中央公園文化センター）

同275号棟（北区中央図書館）

れている。また滝野川四丁目あたりは、陸軍東京第二造兵廠だった。当時の火薬庫や倉庫、試験設備などが今も民間会社の施設として利用されている。近くの加賀《かが》西《にし》公園（板橋区加賀一丁目）の奥には圧磨機圧輪記念碑が置かれているが、明治九年（一八七六）の開所当時、火薬製造に用いた本物の圧輪（ベルギー製）を組み合わせた迫力ある形だ。

赤羽台の被服本廠なども、終戦後は連合軍に接収されて、米軍住宅（「赤羽ハイツ」）や戦車

戦前の倉庫（板橋区加賀１丁目）

加賀西公園に残る圧磨機圧輪記念碑

の修理工場・練習場に変貌した。返還後、「赤羽ハイツ」のあった場所は、日本住宅公団（現都市再生機構）の赤羽台団地が建設された。建設当時は東京二三区最大の団地として名をはせた集合住宅だったが、入居から五〇年近くが経過し、今は建て替え問題で揺れている。西隣にあった戦車の修理工場は、陸上自衛隊駐屯地を経て、赤羽自然観察公園などに変貌を遂げた。

各地の練兵場

明治初頭には、日比谷、丸の内、北の丸、神田といった都心部に練兵場が設置されていた。それほど、大名家が去ったあとの空き地が多かったのである。しかし東京の発展にともない、練兵場はしだいに郊外に移転していった。いちばん広かった日比谷練兵場は明治二十一年（一八八八）に閉鎖され、日比谷公園や官庁街となった。大名小路《だいみょうこうじ》（丸の内）や神田三崎町《みさきちょう》の練兵場は明治二十三年に三菱に払い下げられた。日比谷練兵場の移転先となった青山練兵場も、大正十五年（一九二六）には明治神宮外苑となっている。最後まで都心部に残った代々木《よよぎ》練兵場は、終戦まで練兵場だったが、接収されてアメリカ軍宿舎「ワシントン・ハイツ」となった。返還後は東京オリンピック選手村として活用されたあと、昭和四十二年（一九六七）に代々木公園として開園している。

移転先の練兵場のひとつに、駒沢《こまざわ》があった。今の目黒区から世田谷《せたがや》区にかけて広がる広大な地域である。あたりは駒沢、下馬《しもうま》、馬引沢《うまひきざわ》、駒場野《こまばの》といった馬にちなんだ地名が多い。江戸時代は畑や雑木林で、将軍の御狩場が設けられていた。

明治に入り、最初に駒場野に移転してきたのが騎兵第一大隊（のち聯隊）で、明治二十四年に開営している。翌年には隣接地に近衛輜重兵《しちょうへい》大隊第一中隊（のち大隊）が新設され、さらに東側には陸軍乗馬学校（のち陸軍騎兵実施学校）が開校している。近くには駒場練兵場が設置された。陸軍騎兵実施学校が大正五年に習志野《ならしの》に移転したあと、その跡地には陸軍輜重兵第一

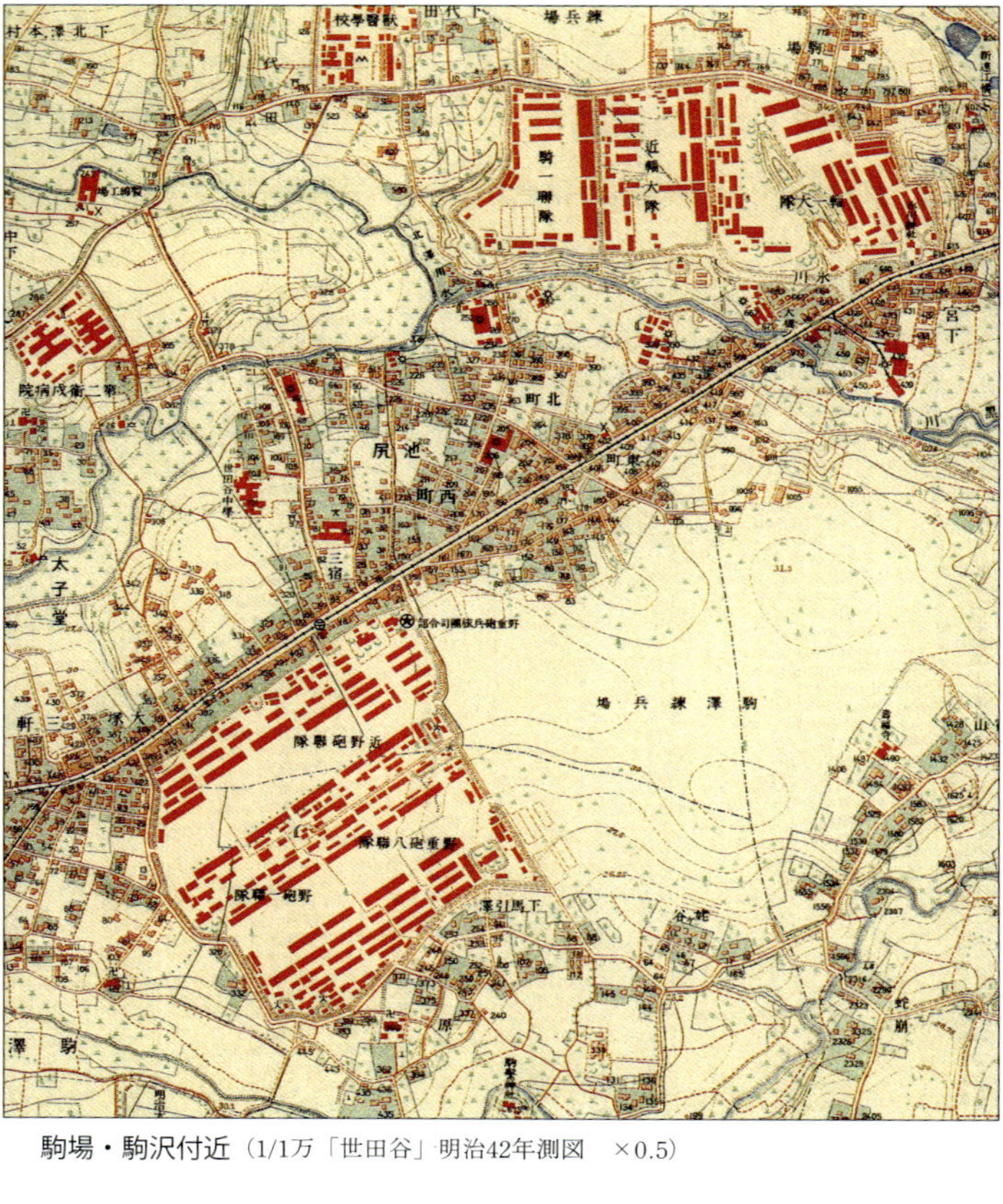

駒場・駒沢付近（1/1万「世田谷」明治42年測図　×0.5）

(1/1万「世田谷」平成11年修正、「渋谷」平成11年修正　×0.5)

大隊が信濃町《しなのまち》から移転している。信濃町の跡地は、慶応義塾大学病院となった。慶応病院敷地の一角から、陸軍省所轄地という標石が見つかっている。

明治三十年には駒場野の南に駒沢練兵場が設置された。現在でいうと陸上自衛隊三宿《みしゆく》駐屯地や世田谷公園、公務員駒沢住宅などにまたがる広大な地域だ。駒沢練兵場開設後、練兵場の西側に、野砲兵第一聯隊、近衛野砲聯隊、野戦重砲兵第四旅団司令部、野戦重砲兵第八聯隊が、移転あるいは新設されていった。ずらりと幾重にも建ち並ぶ兵舎を見た当時の人々は、〝兵隊屋敷〟と渾名《あだな》をつけた。

近くの三宿は、ファッショナブルな町として人気だが、もとは兵士や面会に訪れる家族相手の店や旅館が軒を連ね、軍隊とともに発展してきた歴史がある。三軒茶屋など界隈の盛り場も同様の発展をたどった。三宿や三軒茶屋にかぎらず、兵営のあった町は、例外なく軍都として繁栄していた。

さすがに現在、旧軍の遺構は数えるほどしか残っていない。駒場地区には、近衛輜重兵大隊が使用した屋内射撃場の建物が、倉庫や貸しスタジオとして使用されている。射撃場は、耐弾性と遮音性を高めるため、壁の厚さは三〇センチに達するという。屋根や側壁が複雑な形状をしているのも、音の反響を防ぐための工夫だ。

都立駒場高校のグラウンド（騎兵実施学校の旧馬場）を見下ろす高台には天覧台の大きな石碑が立つ。これは、明治天皇、大正天皇が、騎兵実施学校の卒業馬術を観閲したことにちなんだもの。明治天皇は明治二十五年以来一一回、大正天皇も四回観閲している。天覧台の碑は、騎兵実施学校移転後に入った陸軍輜重兵第一大隊が昭和三年に建立したものである。昭和二十年の終戦直後に題字と碑文を削除したが、昭和五十六年に題字を復元している。

天皇の観閲は、もともと露天下で実施されたが、天皇の体を慮《おもんぱか》り、明治四十四年に御馬《ば》見《けん》所《じょ》の建物が建てられている。騎兵実施学校が習志野に移転したさい、御馬見所も習志野に移築

屋内射撃場だった建物　長さは100m以上ある

天覧台　すぐ裏手は窪地（くぼち）で、かつては馬場があった

された。現在、旧騎兵学校（騎兵実施学校を改称）の用地は陸上自衛隊習志野駐屯地となり、陸上自衛隊最精鋭の空挺《くうてい》部隊が駐屯している。旧御馬見所は空挺館と命名され、資料館として保存がはかられている（通常非公開）。

糧秣廠馬糧倉庫　現在も倉庫として使われる。圧倒的な存在感だ

野砲兵第一聯隊の兵舎（東京世田谷韓国会館）　すでに一部取り壊されている

旧駒沢練兵場の北側には、長大な糧秣廠《りょうまつしょう》馬糧倉庫が残り、今も倉庫として現役である。扉はリベット締めでまぎれもなく戦前の建物。頑丈だがそっけない外観は、軍の建物に共通する特徴だ。東側は宅急便の、西側は生協の、それぞれ配送センターとして使用しており、戦前のままの内部構造をかいま見ることができる。

駒沢地区に蜿々《えんえん》と建ち並んでいた兵舎は、終戦後、都営住宅となり、外地《がいち》からの引揚者や戦災被災者が移り住んだ。その後、この地にあった建物は次々と建て替えられていったが、野砲兵第一聯隊の兵舎の最後の一棟が、東京世田谷韓国会館として今なお使われている。寄棟造《よせむねづく》りで下見板張りの建物はまさしく兵舎以外の何ものでもない。窓枠は歪《ゆが》み、ガラスが破れるなどすさまじい状態だが、それだけに、戦前・戦中・戦後を生き抜いてきた凄《すご》みというか、リアリティがある。周囲が新しい建物に変わったなかで、ここだけ残ったのは奇跡といっていい。この兵舎は、博物館などに移築「復元」された生活感の欠如した建物とは異なり、過去の時間をすべて吸着したような妖気《ようき》すら感じる。ただしすでに西側の一部は取り壊されており、屋根にはブルーシートがかけられている。このままこの建物がいつまで残るか予断を許さない状況だ。

兵舎を後にして、小道を折れると、ほどなく玉川通りに続く三軒茶屋栄《さかえ》通り商店街に出る。喧騒《けんそう》と雑踏。兵舎の記憶が急に遠ざかり、現実に引き戻された。

8 未完の帝都復興道路

大正通りと昭和通り

二一世紀を迎えてなお、東京の町の骨格は徳川家康の時代の都市計画を引き継いでいる。火災や震災、戦災で都心が幾度焦土と化しても、その町並みは、焼失前の基本的な枠組みを維持したまま再建されてきたからだ。家康が没してもうすぐ四〇〇年経つが、いまだに東京は権現《ごんげん》様の遺産で食いつないでいる、そんな気がしないでもない。もっともそれは、江戸の切絵図片手に町歩きを今なお楽しめるということなのだが。

しかし、四〇〇年前の江戸と現在の東京が、まったく同じというわけではけっしてない。たとえば道路に関していうなら、現在の東京の都市計画道路は、明治二十二年（一八八九）の市区改正と大正末から昭和初期の震災復興を経て、戦後の戦災復興で大枠が決まったものである。

その証《あかし》は、地図にもはっきり刻まれている。たとえば神田の神保町《じんぼうちょう》である。現在、神保町のメインストリートとなっているのは靖国通りだ。しかしかつては、裏通りの神田すずらん通り

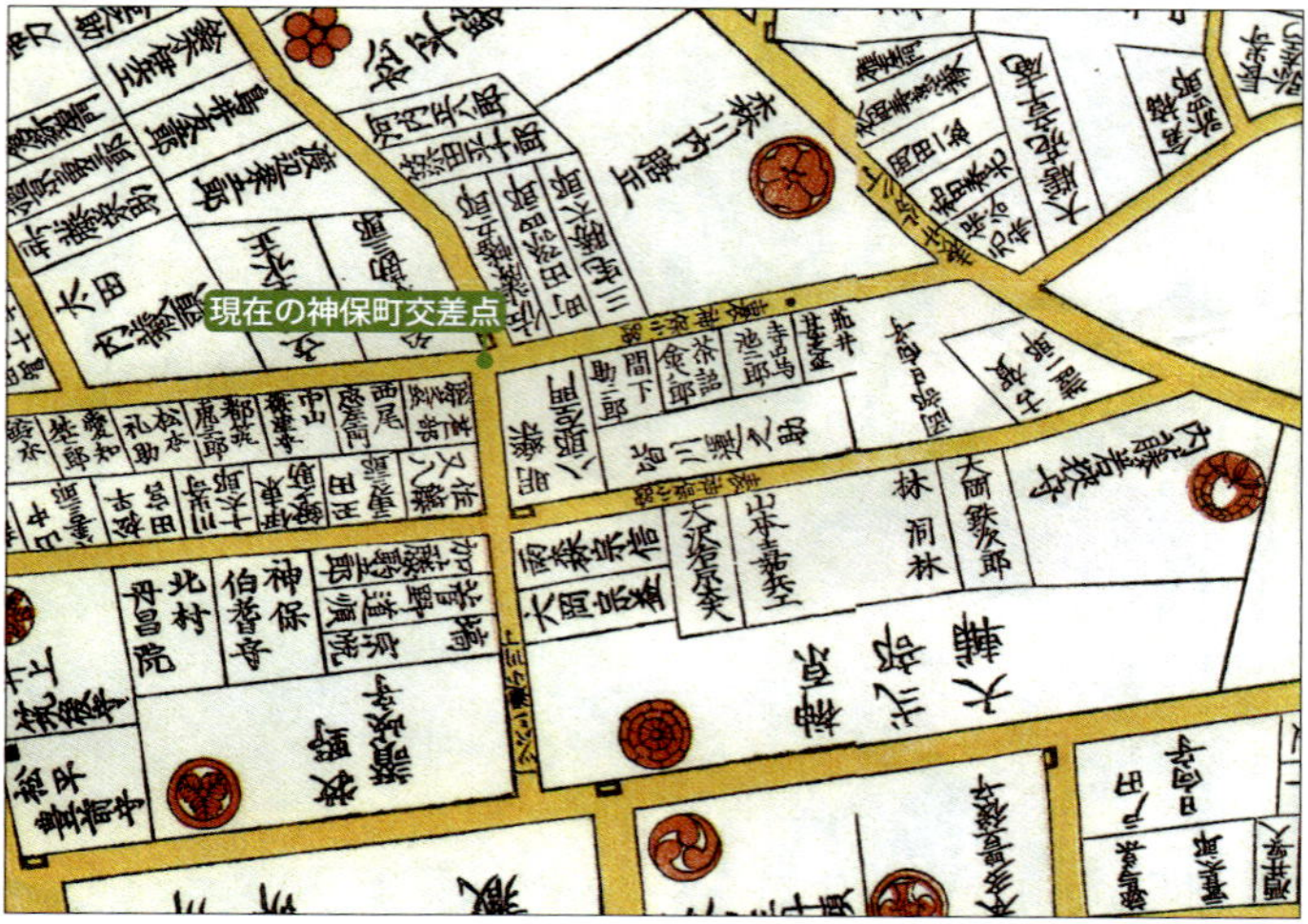

表神保小路と裏神保小路（『江戸切絵図集成』第３巻。上が北）

の方が「表神保小路《おもてじんぼうこうじ》」と呼ばれて、にぎやかだった。江戸時代の切絵図を見れば、一目瞭然。今の靖国通りは、裏神保町のさらに北はずれに位置する「裏神保小路」だったのである。明治時代の地図でも、「表神保小路」「裏神保小路」という通り名こそ記されていないが、表神保町が今の神田すずらん通りの南側に位置しており、靖国通りは、裏神保町のさらに北はずれという位置関係が確認できる。

新宿から両国橋《りょうごくばし》までを東西に貫く靖国通りの別名は大正通りといったが、道路計画そのものは明治の市区改正からスタートしていた。明治三十九年に東京市電の軌道を通すために靖国通りが拡幅されて、しだいにこちらがメインストリートにとって代わったのである。神保町が今のような規模の古書店街となったのは、大正二年（一九一三）二月の神田大火以降だ。そして関東大震災で一帯は焼け野原になったが、その復興過程で、靖国通り沿いに、一階が店舗、二階が住居、屋根裏の三階が店員の宿舎といった建物が、びっしりと建ち並んだのである。

〝大正通り〟を取り上げたからというわけではないが、明治通りと昭和通りにも言及しておきたい。明治通りは、関東大震災の復興事業として計画、建設された初めての環状道路である。

後藤新平は、震災前に東京市長として画期的な都市計画「東京市政要綱」を策定し、震災直後、内務大臣兼帝都復興院総裁となった。その後の東京の都市計画にも大きな影響を与えており、この明治通りは、戦後の復興都市計画の環状五号線とほぼ重なる。完成した明治通りは、池袋から恵比寿《えびす》までの西側部分はほぼ山手線に沿うかたちとなり、交通至便である。ただし道幅が狭いため、渋滞が日常化しており、今も拡幅工事が続いている。

神保町付近の靖国通り　片側３車線の道幅がある

神田すずらん通り　自動車同士すれ違うのも難しい

大正通りと昭和通りの開通①（1/1万「日本橋」大正10年修正測図　×0.5）

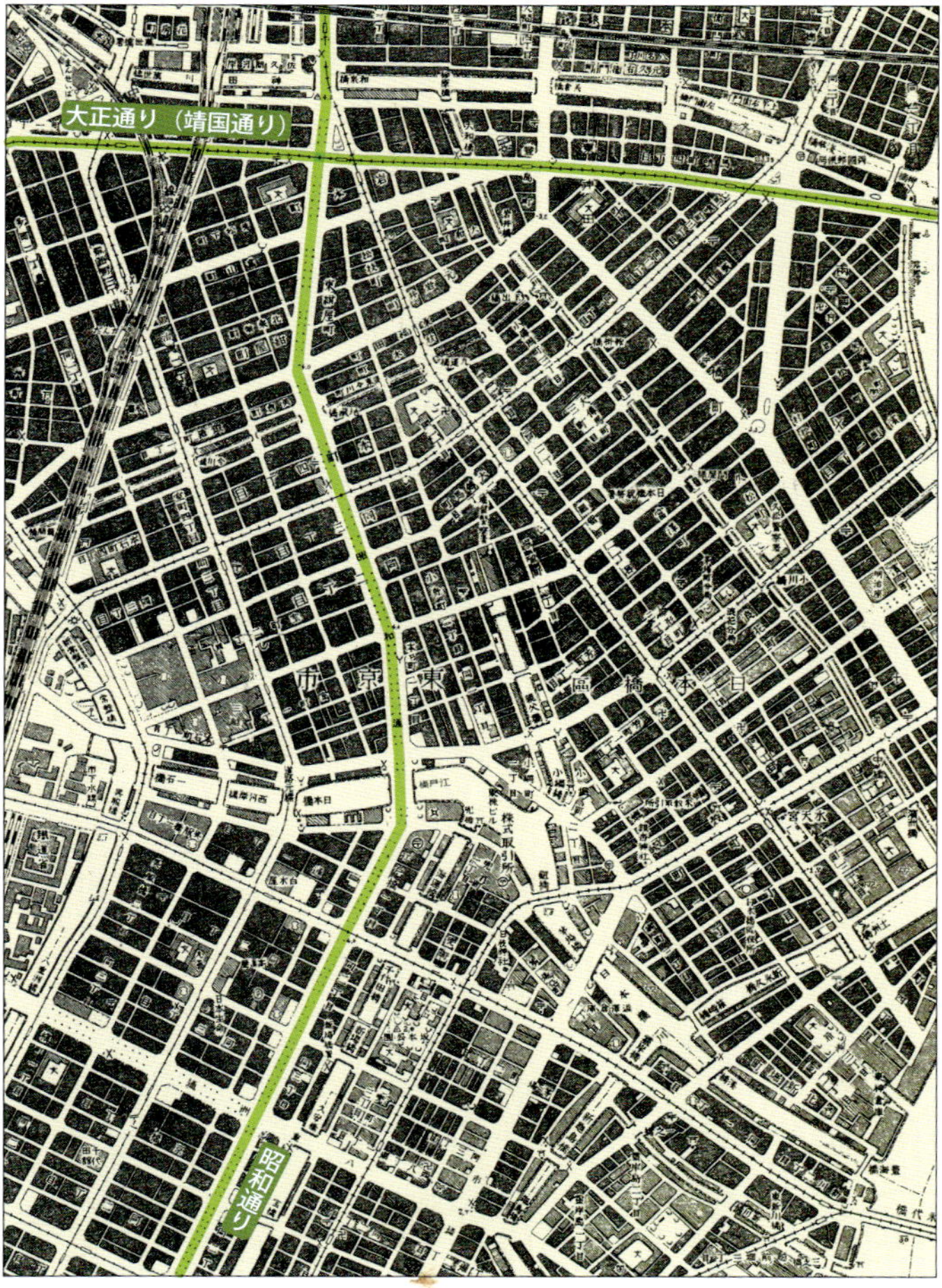

大正通りと昭和通りの開通②（1/1万「日本橋」昭和12年修正測図　×0.5）

同じく昭和通りも、関東大震災の復興事業として計画、建設された道路で、当初は「幹線一号」と呼ばれた。後藤新平が主導した原案では、道幅を一町（六〇間、約一〇九メートル。四〇間説あり）とするものであったが、常識はずれの道幅だとして、現在の二四間（約四四メートル）道路に縮小して昭和三年（一九二八）に完成している。「幹線一号」の昭和通りと「幹線二号」の大正通り（靖国通り）は、当時の東京の下町を十字に交差した形となっていた。

昭和天皇は、昭和通りに象徴される復興計画の縮小をずっと悔やんでいたらしい。震災から六〇年後（昭和五十八年）の記者会見でも、「震災のいろいろな体験はありますが、一言だけいっておきたいことは、復興にあたって後藤新平が非常に膨大な計画を立てたがいろいろの事情でそれが実行されなかったことは非常に残念に思っています。もし、それが実行されていたら、おそらく東京の戦災は非常に軽かったんじゃないかと思って、今さら後藤新平のあの時の計画が実行されないことを非常に残念に思います」と述べたほどだった。当時、「大正」という元号ではあったが、昭和天皇が摂政宮として、事実上統治を総攬《そうらん》していた。「非常に」という言葉を四回も繰り返したことに、天皇の後悔の念の深さを感じるのである。

挫折した復興都市計画

昭和二十年（一九四五）十二月に幣原喜重郎《しではらきじゅうろう》内閣が閣議決定した戦災地復興計画基本方針では、「主要幹線街路ノ幅員ハ中小都市ニ於テ三十六米《メートル》以上、大都市ニ於テハ五十米以上、其ノ他ノ幹線街路ハ中小都市ニ於テハ二十五米以上、大都市ニ於テハ三十六米以上、補助幹線街路ハ十五米以上トシ止《や》ムヲ得ザル場合ト雖《いえど》モ八米ヲ下ラズ区画街路ハ六米以上トスルコト」「必要ノ個所ニハ幅員五十米乃至《ないし》百米ノ広路又ハ広場ヲ配置シ利用上防災及美観ノ構成ヲ兼ネシムルコト」となっていた。

終戦翌年の昭和二十一年に策定された東京の戦災復興都市計画は、基本方針に忠実に沿った大胆な内容だった。この計画を主導したのが、東京都建設局の都市計画課長だった石川栄耀《いしかわひであき》である。石川はのちに都市計画家として名をはせるが、その第一歩が東京の復興都市計画だった。石川の計画は、東京をまるごと公園都市に一変させようという斬新なものだった。都心の旧軍用地などを緑地公園とするだけではなく、河川や鉄道沿い、その他いたるところに緑地を設けるという壮大な計画だったのである。公園とともに驚かされるのが、道路計画である。基本的な骨格は昭和二年に決定された震災復興計画を引き継いでいるが、道路の幅員が桁外《けたはず》れだった。幅一〇〇メートルの道路を八本建設する予定だったのである。環状線にかぎっても、環状一号線（内堀《うちぼり》通りなど）こそ幅員四〇ないし五〇メートルだが、環状二号線（外堀《そとぼり》通りなど）の幅員は、なんと一〇〇メートルだった。以下、環状三号線（外苑東通り、言問《こととい》通りなど）は五〇メートル、環状四号線（外苑西通り、不忍《しのばず》通りなど）と環状五号線（明治通りなど）は各四〇メートル、環状六号線（山手《やまて》通りなど）は八〇メートル、環状七号線は四〇メートル、環状八号線は四〇ないし五〇メートルである。大胆な復興都市計画の成功例として有名な名古屋市のさらに上をいく計画だった。

しかし東京の復興計画は、その前提条件からして、いささか現実を無視していたようだ。計画では東京都区部の人口を三五〇万人以内に抑えるとしていたが、計画公表翌年の昭和二十二年には人口三八二万人となり、あっさり前提条件が成立しなくなってしまったのである。

そしてなにより、復興計画を進めるための原資が絶対的に不足していた。東京の戦災地面積は全国の二六・六パーセントという割合を占めていたが、戦災復興事業国庫補助金が支出されたのは昭和二十年と二十一年の二年だけで、復興というより、焼け跡清掃と瓦礫《がれき》処理に終始した。しかも、当時の東京都長官(のち東京都知事)の安井誠一郎《やすいせいいちろう》が復興都市計画に消極的だった。否《いな》、都がまとめた復興計画の実施を阻止しようとさえした。壮大な都市計画より、まずは住宅を確保することが最優先課題だと考えたのである。安井は、「その大復興計画を絶対受け入れてはならない」「寝る家もなく路頭をさまよう都民の住宅の確保こそが最優先課題」「後世、大復興計画を握りつぶした都知事として非難されるだろうが覚悟の上だ」という確信犯めいた言葉を残している。

その後の日本経済は、一向に回復しないままインフレが進行し、破局的な状況となった。業を煮やしたGHQ(連合国最高司令官総司令部)は、昭和二十四年三月、ドッジ・ラインと呼ばれる超緊縮策を断行し、インフレの沈静化をはかる。こうした状況下では、高額支出をともなう大胆な都市計画を実施する余地など、どこにもなかった。いや、それ以前に、もともとGH

Qは戦災復興都市計画に否定的で、敗戦国にふさわしくないと批判していた。GHQは、昭和二十三年には、日本の道路・街路事業は当面維持修繕にとどめるべきだと指示していたほどである。

昭和二十四年六月、吉田茂《よしだしげる》内閣は、GHQの方針を受け入れ、「戦災復興都市計画再検討に関する方針」を閣議決定する。これ以後、「再検討」の名のもとに、軒並み事業の打ち切りや大胆な予算カットが実行されるのだった。昭和二十五年三月、東京の戦災復興都市計画も、大幅に縮小された。もともと復興計画に消極的だった都知事自身には、政府の方針転換は願ったりかなったりだった。その結果、東京二三区の三分の一近い六一〇〇万坪（約二〇一平方キロメートル）という戦災面積を超える規模で予定された区画整理事業は、主要駅の駅前のみにかぎられ、当初計画のわずか六・九パーセントに縮小された。また幹線道路の道幅も大幅に狭められたほか、公園面積も四一・四パーセントが削減された。計画段階でこれだけの縮減なのだから、実現したものとなると、さらに少なくなった。

マッカーサー道路と播磨坂

結局東京では、道路や公園を造るための土地整理事業はほとんど実施されないまま、時間だけが過ぎていった。戦時中に建物疎開（空襲の延焼を防ぐため、あらかじめ通り沿いなどの家屋を取り壊して空き地を造ること）したところもふたたび地権者に戻され、焼け跡には戦前以上に無

現在建設が進む環状２号線（マッカーサー道路）
港区西新橋２丁目

秩序に家々が建ち並んだ。昭和二十五年（一九五〇）に勃発した朝鮮戦争後の地価上昇もあいまって、新たな道路建設はいっそう困難になっていったのである。

玉川通りは、場当たりと非効率の最たる例だった。戦時中の建物疎開でいったんは四〇メートルの道幅を確保できていたにもかかわらず、戦後、地権者に土地を返還したため、通り沿いに家屋が密集した。そのため東京オリンピックをひかえた昭和三十年代、ふたたび道路拡張のための用地買収に乗り出したときには、気の遠くなるほどの時間と手間と高額な買収資金を必要としたのである。

マッカーサー道路と呼ばれた道がある。ＧＨＱが虎《とら》ノ門《もん》のアメリカ大使館から竹芝《たけしば》桟橋までの軍用道路整備を要求したという俗説からその名が生まれたとされる。この道路は、じつは環状二号線の一部である。昭和二十一年に立案されたものの、開通しないまま時が過ぎ、関係者以外にはすっかり忘れられていた道だ。当初の計画では幅員一〇〇メートルだったが、昭和二十五年に計画は道幅四〇メートルに縮小された。幻の道路といわれていたこの道路工事が、計画から約六〇年経った平成十七年（二〇〇五）からはじまっているのだ。今回の計画は、外堀通りと第一京浜を結ぶ一三五〇メートル。道路を地下に通し、地上には建物が建つ予定である。ルート上には地上五二階、高さ二四七メートルの高層ビル建設も予定されている。

文京《ぶんきょう》区小石川にある四〇〇メートルほどの道路は、播磨《はりま》坂《ざか》として知られるが、ここは環状三号線の一部である。不思議な公園道路となっているが、それはここだけ復興都市計画どおりの工事が施工されたからなのだ。中央部と両側の歩道の三列に桜が植えられており、中央部には遊歩道が整備されている。石川栄耀が意図した道路上の公園構想が実現した数少ない場所であ

現在は播磨坂さくら並木として親しまれる環状３号線　400mだけ実現した計画道路である（㊤ 1/1万「早稲田」大正10年修正測図　×0.67。㊦ 1/1万「池袋」平成10年修正　×0.67）

播磨坂　東京には珍しい公園道路が実現している（文京区観光協会提供）

る。ここを歩くと、「実現できたかもしれないもうひとつの東京」を見る思いがする。

モータリゼーションの洗礼

東京の人口が戦前のレベルまで戻りつつあった昭和二十年代後半は、自動車台数も猛烈な勢いで急増していた。たとえば、昭和二十年（一九四五）に四万四一三〇台だった東京都の自動車台数は、五年後の昭和二十五年に六万五〇五四台となった。そして二年後の昭和二十七年に一三万八〇〇台と一〇万の大台を超えると、その後は昭和二十九年に二二万六四六三台、昭和三十三年に四〇万二三二四台と、ほとんど倍々ゲームの勢いで加速度的に増えていったのである。

自動車の急増が、都市計画道路に関しても大幅な見直しを迫っていた。しかし結局、名古屋市が戦災復興で実施したような抜本的な都市計画道路は、東京ではほとんど実施に移されなかった。東京は、大正・昭和初期の道路規格のまま、激しいモータリゼーションの洗礼を受けることになったのである。

大正・昭和初期と昭和三十年代の道路交通量が、どれだけかけ離れていたか。自動車登録台数で比較すれば明らかだろう。東京で初めて都市道路計画がはじまった大正八年（一九一九）の東京府の自動車台数はわずか三〇五六台、下町の街区や道路の整備が一応終わり、震災復興計画が完了した昭和五年の時点でも自動車台数は、わずか二万七四六九台にすぎなかった。ところが、東京オリンピックが開催され、首都高速道路が本格的に開通した昭和三十九年には、東京都の自動車登録台数（二輪車除く）は一〇七万七九〇〇台と、一〇〇万台を突破。現在は、三九二万八一七五台に達している。

首都高とオリンピック

とりわけ交通渋滞がひどかったのが、環状六号線の内側の都心部である。昭和三十四年（一九五九）に決定された首都高速道路の当初計画が、一般道の環状六号線を結ぶ八本の放射路線と都心部の環状道路からなっていたのもそのためだ。東京の首都高速道路は、未来に向けた積極的な都市計画というより、渋滞緩和のための窮余の策といってよかった。つまり首都高速道路が実現した背景には、モータリゼーションに完全に立ち遅れた道路交通をなんとかしなければならないという切羽詰まった状況と、東京オリンピック開催という錦《にしき》の御旗《みはた》が、いわば車の両輪として作用したのである。

事実、首都高速道路の建設計画が本格化したのは、昭和三十五年十二月、オリンピック開催に関連する「緊急道路整備事業計画」が池田《いけだ》勇人《はやと》内閣のもとで閣議決定されて以降である。こ

日本橋　親柱を損ねないように、首都高速高架橋の上下線はあえて離してある

のとき整備が決まったのは首都高速道路の一号線から四号線などで、東京国際空港や競技施設（神宮外苑）、選手村（代々木）などを結ぶ路線が優先して着工されている。

こうした背景から生まれたため、首都高速道路は、車線設計にしろ、路線選択にしろ、どこか場当たり的で、当初から泥縄というか、あくまで対症療法の域を出なかった。用地取得の障害を減らし、事業期間の短縮をはかるため、都心の既存道路や公有地、河川・掘割上を通過する高架式や地下式で建設されたのもそのひとつである。日本国道路元標のある日本橋の上を高速道路の高架が横切ることについては、当初から批判があったが、計画どおり建設が進められたのも、オリンピックというスケジュールが区切られていたことが大きかった。日本橋をまたぐ高架の架橋は、約二〇〇人が見守るなか、昭和三十八年四月十一日の深夜に行われた。この区間の首都高速が開通したのは十二月二十一日である。オリンピック開会が約一〇ヵ月後に迫っていた。

首都高の未成線・休止線を訪ねて

昭和三十四年（一九五九）の首都高速道路公団設立から半世紀以上が経過した。現在、首都高速道路を管理・運営するのは、平成十七年（二〇〇五）に発足した首都高速道路株式会社である。昭和三十七年にわずか四・五キロメートルからはじまった首都高速道路の総延長はすでに三〇〇キロメートルを突破しており、路線網は一都三県におよんでいる。

首都高速用地として確保されたが、道路として使われていない一角（中央区築地３丁目）

鉄道に未成線（計画や建設途中で中断した路線）があるように、道路にも未成線は存在する。先ほどの「播磨坂」も一種の未成線といえるだろう。首都高速でも、新《しん》富町《とみちょう》ランプ（出入り口）の先には、築地川跡沿いに未利用のトンネルが放置され、公園や駐車場になっている。この遊休地が道路となり、首都高速道路晴海《はるみ》線の晴海と新富町が結ばれる日が仮にやってくるとすれば、平成三十二年（二〇二〇）の東京オリンピック招致が実現し、晴海にメインスタジアムが建設されるときだろう。

いうまでもないが、工事が中断された場所は目立つ。土木事業は、はっきりと土地に刻印されているだけに目につきやすい。道路ではないが、築地市場の豊洲《とよす》移転を見越して開業した新交通システムゆりかもめの「市場前《しじょうまえ》」駅も大いなるフライングとなってしまいそうな雲行きだ。

首都高速道路羽田《はねだ》線の一部として平成二年に開通したにもかかわらず、わずか八年で供用中止にいたった羽田可動橋も不思議な存在である。供用中止後は、海老《えび》取川《とりがわ》を通る船舶のため、二四時間開放した状態なのにもかかわらず、今も地図には、なぜか羽田可動橋がつながった状態で記載されている。これも一種の地図のウソである。

東京モノレールの昭和島《しょうわじま》駅から三〇分ほど歩かなければならないが、一見の価値はある。羽田可動橋はまちがいなく東京一の無用の長物である。その無用ぶりが愛らしい。

羽田可動橋　10年以上開いたまま。ときどきメンテナンスするらしい

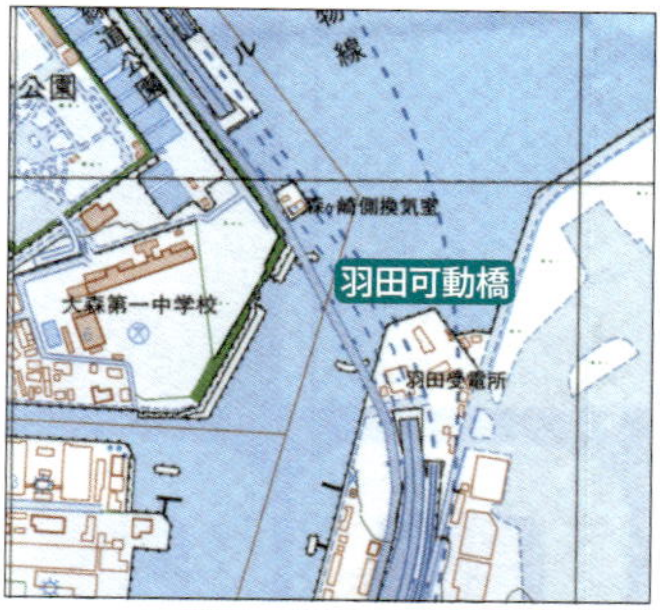

(1/1万「羽田空港」平成11年修正　×0.75)

9 廃線分譲地と過去の輪郭

地図に残った仕事

ある建設会社のキャッチコピーに、「地図に残る仕事」というのがあった。たしかに橋やトンネルや道路や鉄道、あるいは建物のかたちなど、土木事業は、地図にくっきりと残っている。「地図に残る仕事」でも、その構築物が現役とはかぎらない。すでに機能を終えた後もなお地図に残っているものが少なくない。それは廃墟となった建物のかたちだったり、周辺の道路だったり……。いきさつを知らなくとも、地図で見て気づくことも少なくない。地図を見てなにやらおかしいと首をひねる場所には、たいてい面白い逸話が隠れているものだ。本書の掉尾《ちょうび》を飾るのは、都内に残る数々の「地図に残った仕事」の歴史散歩である。

主張する街路

全体が市街化していながら、特定の地域だけまったく街路が異なっている場合がある。たと

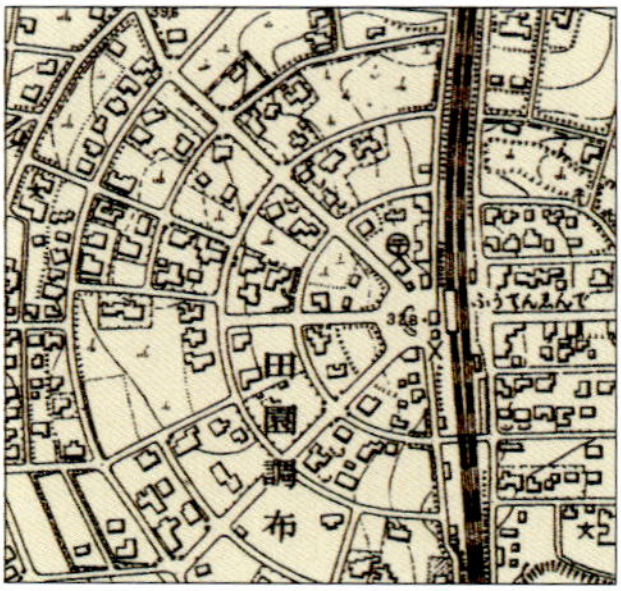

田園調布（1/1万「田園調布」大正14年部分修正　×0.75）

えば、大田区の田園調布《でんえんちょうふ》である。この町は、東急東横線の田園調布駅西口から延びる半径四〇〇メートルの範囲だけが、放射路と環状路が広がり、御屋敷町とでもいうべき独特の景観を形成している。ここはもともと、実業家だった渋沢栄一《しぶさわえいいち》の田園都市構想に基づき、中産階級に向けた分譲住宅地として、子息の渋沢秀雄《ひでお》が中心となって大正時代に開発した町である。それまでは人家もなく、畑だけが広がっていたのだ。開発からすでに一〇〇年近くが経過したが、田園調布が周辺の市街地に埋没した現在となっても、独自の都市計画の刻印ははっきり残り、高級住宅地としての価値を支えつづけている。

　こうした分譲住宅地の開発は、板橋区でも昭和十年（一九三五）ごろに実行に移されている。東武鉄道が主体となって開発した常盤台《ときわだい》住宅地である。もとは伊勢崎線の西新井《にしあらい》と東上線の上板橋を結ぶ新線（仮称西板線）が計画され、その貨物操車場として確保していた用地だったが、鉄道計画が頓挫したため、住宅地開発に舵《かじ》を切ったものだという。

　常盤台は、これまでにない特徴をもっていた。それは、プラタナスが中央に植樹された住宅地をほぼ一周する周回道路と、東武東上線常盤台（現ときわ台）駅北口のロータリーから放射状に延びる道路、それにクルドサック（袋小路のロータリー）やクルドベイ（道路沿いの緑地）

などの、遊び心あふれる都市デザインである。そのいっぽう、交差点に見られる「隅切り」など、細やかな心配りも忘れなかった。これは内務省の出先機関である都市計画東京地方委員会が策定したもので、七〇年以上前の計画とは思えない新鮮な輝きをはなっている。

さらに常盤台は、「健康住宅地」のキャッチフレーズどおり、ガス・上下水道をいち早く導入するなど、インフラにも気を配っていた。住宅以外建てないことや境界を生垣にすることな

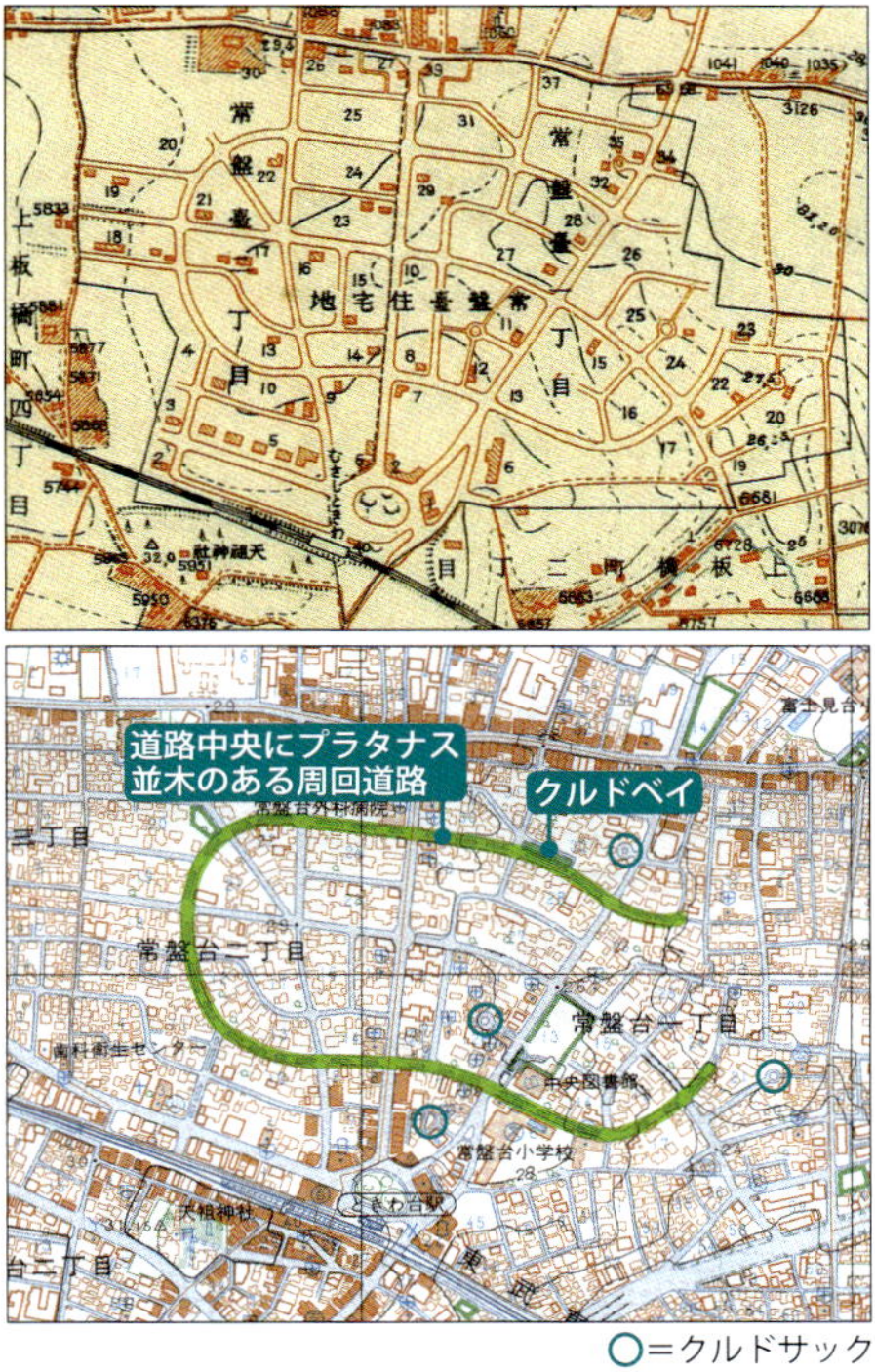

常盤台住宅地（㊤1/1万「練馬」昭和12年修正測図　×0.67。㊦1/1万「赤羽」平成10年修正　×0.67）

ど、いくつかの項目について分譲時に結ぶ建築協定も先駆的な取り組みだった。

　ときわ台の駅舎は、どことなく田園調布の旧駅舎を彷彿《ほうふつ》させる。昭和初期のモダンなたたずまいを残している。常盤台においても、田園調布同様、相続時に区画が分割されたり、アパートに建て替わったり、あるいは周囲に高層マンションが建設されるなど、環境悪化が問題になっているが、独特の街路構成は、現代の地図からも明瞭《めいりょう》に伝わってくる。

常盤台のクルドベイ㊤とクルドサック　周回道路の中央部分に並木が植えられている

神田三崎町の六叉路　三菱が開発した斬新な街路の名残が今も色濃く残る

下町の神田にもユニークな街路が存在する。しかもそれをつくったのは三菱財閥である。三菱といえば、丸の内に一丁倫敦《ロンドン》と呼ばれた煉瓦造りのオフィス街を建設したことで知られるが、じつは明治二十三年（一八九〇）に三菱財閥が払い下げを受けた土地は、丸の内だけではなかった。練兵場（砲術訓練場）として使われていた神田三崎町の土地七万五〇〇〇平方メートルも、丸の内と同時に払い下げを受けたのである。三菱財閥当主の岩崎弥之《いわさきやの》助《すけ》が払った金額は、両方合わせて一二八万円だった。

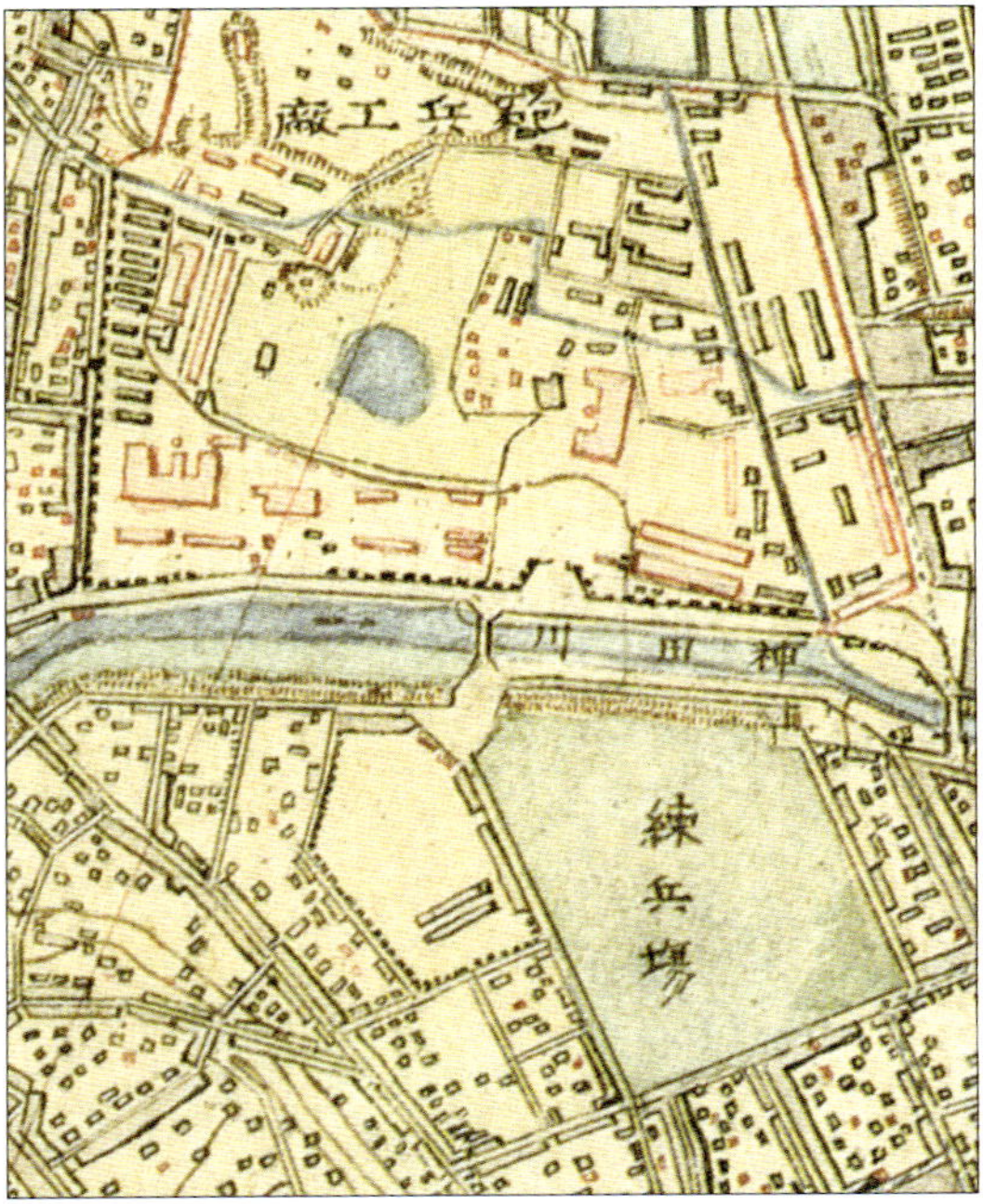

神田三崎町周辺の変遷①（1/2万「東京府牛込区及近傍市街村落」明治14.1　×1.5）

　その後、三菱は、神田三崎町を商業住宅地とするべく開発に乗り出す。三菱が開発した土地は、旧神田区三崎町三丁目である。現在の住居表示では千代田《ちよだ》区三崎町二丁目の大部分だ。ここは地図を見てもすぐに見わけがつく。格子状・短冊状の街路だけでなく、斜めに通りが走っているからである。とりわけ目立つのが北東の水道橋《すいどうばし》から南西の九段《くだん》方向に延びる道だが、この通りの地下は暗渠《あんきょ》となって下水が流れ、両側にはガス灯が設置されたほか、

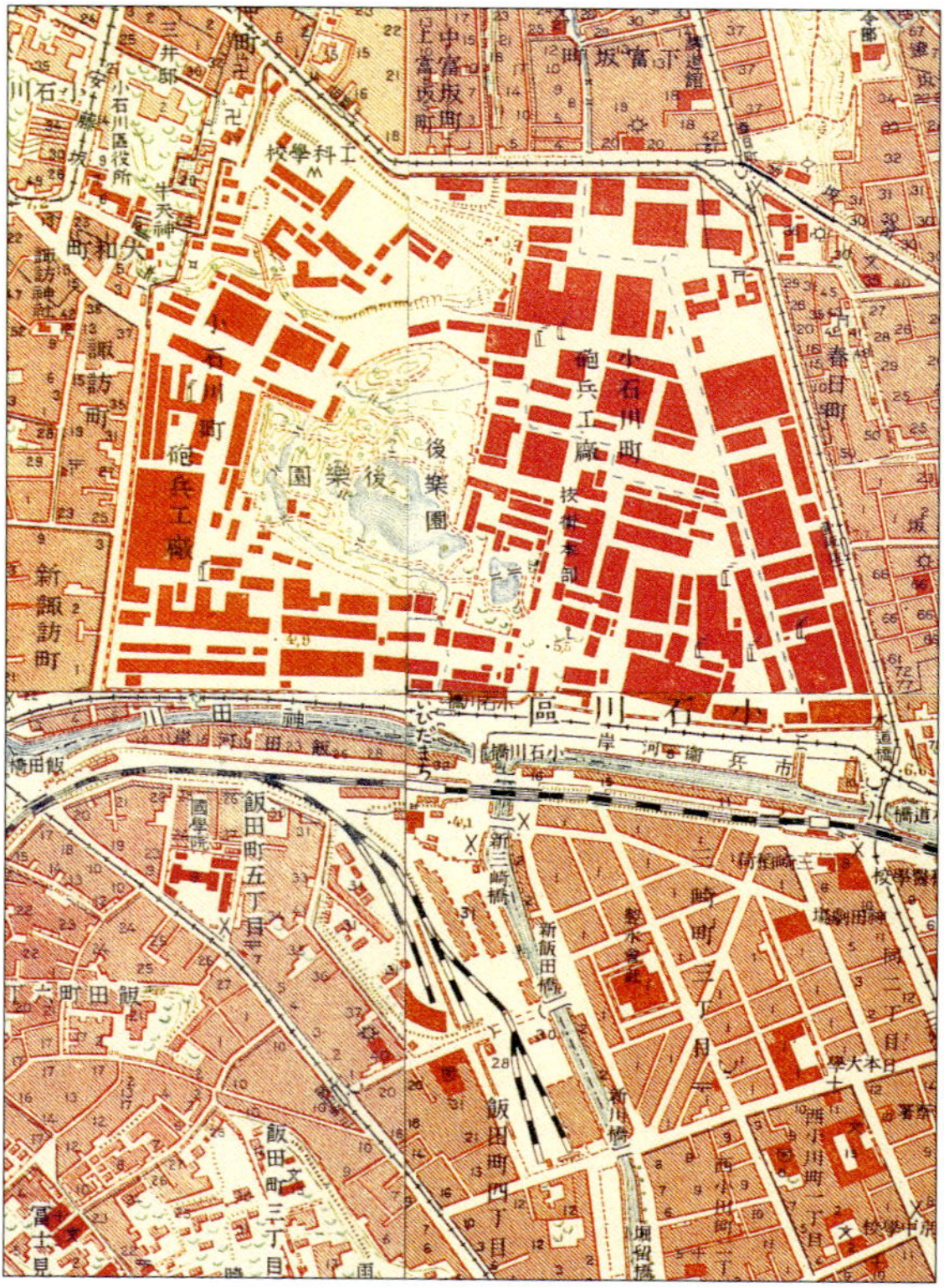

神田三崎町周辺の変遷②（1/1万「上野」大正10年修正測図、「日本橋」大正10年修正測図、「早稲田」大正10年修正測図、「四谷」大正10年修正測図　×0.75）

神田三崎町周辺の変遷図③　小石川後楽園については115ページ参照（1/1万「日本橋」平成10年修正、「新宿」平成10年修正×0.75）

防火を考慮した煉瓦長屋（煉瓦壁つき木造住宅）が建てられていた。途中、このあたりでは珍しい六叉路も設けられた。

斬新な街路構成で開発された三崎町の土地や住居は一般に賃貸されたが、人気を呼び、すぐに借り手でいっぱいになった。ここが繁華街となったことは、狭い町に劇場が三つも開場したことでも歴然としている。劇場は三崎三座と総称されたが、そのひとつに川上《かわかみ》音二《おとじ》郎《ろう》の主宰する川上座があった。

神田三崎町の空中写真　砲兵工廠跡地に後楽園球場がオープンするのは、撮影翌年の昭和12年である（昭和11年陸軍撮影）

　近くに砲兵工廠（現東京ドームシティ）があったことから、三崎町は、労働者の街という性格をもっていた。山室軍平《やまむろぐんぺい》が救世軍本営を最初に三崎町に置いたのも、片山潜《かたやません》が三崎町の自宅をキングスレイ館と名づけ、社会運動の拠点として開放したのも、立地と街の魅力が影響したのはまちがいない。

　独特な街路をもつのは、新興住宅地だけではない。江戸時代、新開地に開発された遊郭も、一種独特の町割りがなされた。その典型が旧吉原《よしわら》遊郭である。吉原は、昭和三十三年（一九五

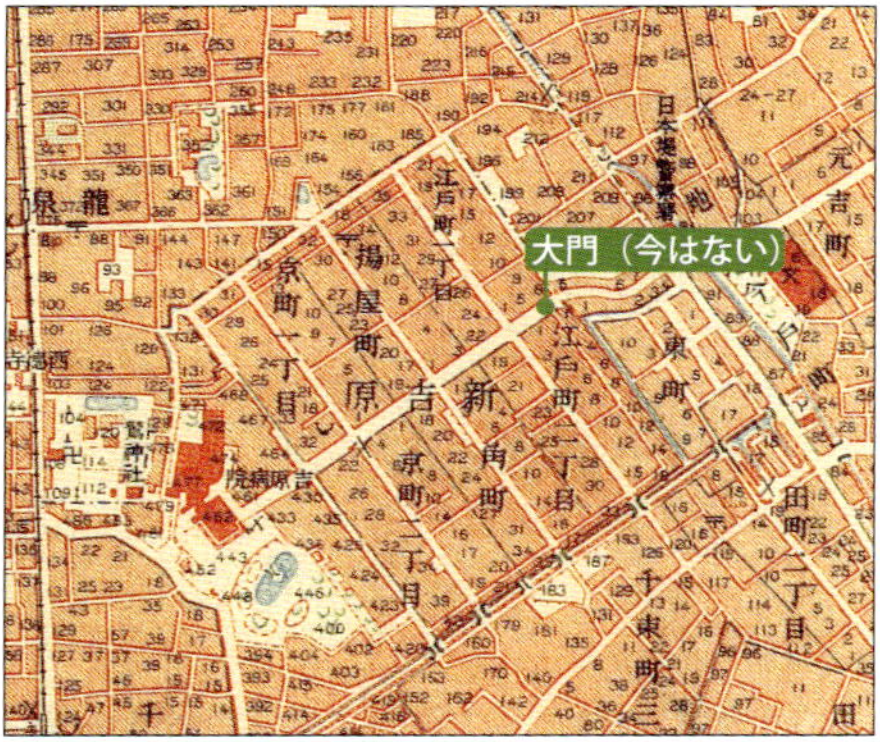

吉原の街路（1/1万「上野」大正10年修正測図　×0.75）

現在の吉原　メインストリートの「仲之町通り」を大門付近から望む

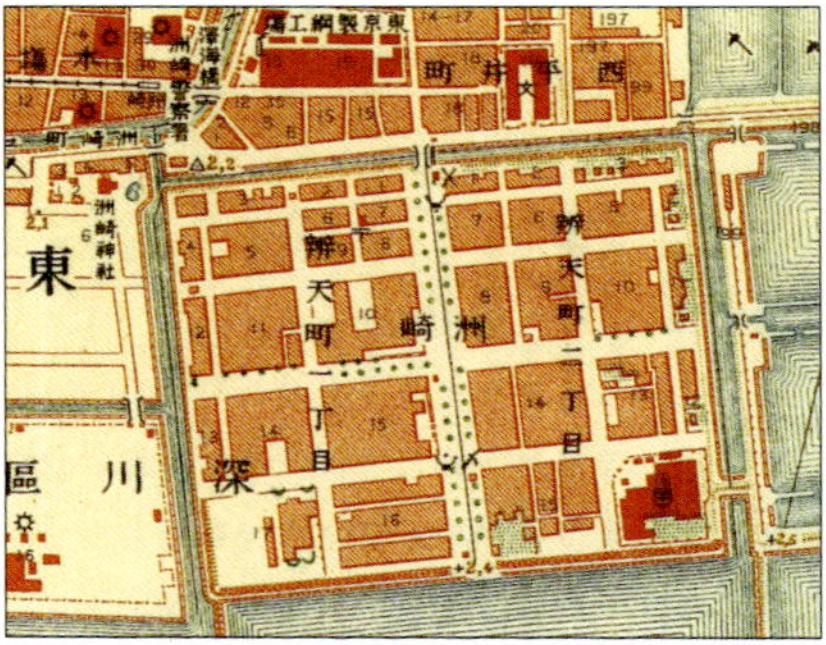

洲崎の街路（1/1万「洲崎」大正10年修正測図×0.75）

八）の売春防止法施行で転業を余儀なくされ、江戸町《えどちょう》、角町《すみちょう》、揚屋町《あげやちょう》、京町《きょうまち》といった当時の町名も消滅したが、地図を見れば、江戸時代の町並みが生きていることがわかる。周囲とは明らかに異なる通りの方向は、独自の発展をうかがわせるが、実際、吉原は周囲を掘割に囲まれ、水田のなかに突如誕生した「島」のようなものだった。もともと吉原遊郭は日本橋付近にあったのだが、明暦《めいれき》三年（一六五七）の大火後、幕府が浅草のはずれに移転させて、現在に続く町並みが誕生したのである。

吉原同様、洲崎《すさき》遊郭も計画的に造られた町だった。このあたり、今では完全に内陸部となっているが、洲崎という地名でわかるように、もともと東京湾の砂洲《さす》だったところ。明治半ばに埋め立てられ、長崎の出島《でじま》のように造成した地域なのである。

その成り立ちも吉原と似ていた。洲崎遊郭も根津《ねづ》遊郭の移転で生まれた新しい遊里だったのだ。もともと洲崎遊郭の業者が生業を営んでいたのは、本郷区根津八重垣町《やえがきちょう》（現文京区根津一丁目）付近。根津付近の不忍通りは根津権現（現根津神社）の門前の大路だったところで、遊郭が軒を連ねていたのだ。移転前の根津遊郭は、吉原に次いで娼妓《しょうぎ》が多かったほどで、その盛泥ぶりがうかがえる。しかし、近くの加賀《かが》藩上屋敷跡に東京帝国大学が設置されたことを理由に、東京府は明治二十一年六月いっぱいで根津遊郭を閉鎖し、新開地の洲崎に移転させたのである。

石川島《いしかわじま》監獄の囚人を使役して深川入舟町《いりふねちょう》地先に造成された土地は、洲崎弁天町《べんてんちょう》と名づけられた。南を除く三方は堀で囲まれ、南側は東京湾に面していた。埋め残されてできた洲崎川の

洲崎のメインストリートも「仲の町通り」（大門通り）という。中央に見える大きな建物の場所には、戦前、洲崎屈指の遊郭「本金楼」があった

当時のまま現存するほとんど唯一の建物　当時の屋号が外壁に残る

入り口には洲崎橋が架かり、中央を仲の町《なかちよう》通りと呼ばれた道幅二〇間（約三六メートル）の大通りが貫くなど、吉原をひと回り大きくした、吉原そっくりの町並みだった。今、この界隈を歩くと、周囲より三メートルほど土地が低いため、境界はすべて急坂か切り立った堤防となっている。土地の低さは造成時からだったようで、明治から大正のころはたびたび高潮に襲われ、多数の溺死者を出していた。

最盛期の昭和五年には二六八軒が軒を連ね、娼妓は二五〇〇人を数えた。戦時中の昭和十八年十月に遊郭は閉鎖され、建物は海軍省が徴発して石川島造船所の徴用工の寄宿舎となった。娼妓や業者が移った先は、立川《たちかわ》・吉原・新宿・玉ノ井《たまのい》・羽田といった都内のほか、千葉県内の千葉・船橋《ふなばし》・館山《たてやま》だった。

当時の洲崎は四周をすべて掘割に囲まれ、出入り口は北の洲崎橋と西の西洲崎橋の二ヵ所しかなかった。これはおもに娼妓の逃亡を防ぐためだったが、昭和二十年三月十日の大空襲では閉鎖的な町の構造が災いし、多数の焼死者・溺死者を出している。郭内《かくない》にあった洲崎警察署の署員は全員殉職した。

空襲で灰燼《かいじん》に帰した後、大通りの東側（旧弁天町二丁目）だけが「洲崎パラダイス」として復興され、西の弁天町一丁目は住宅地となった。それでも売春防止法が国会で可決された昭和三十一年の段階で（施行は昭和三十三年四月一日）、なお業者は一一〇軒残っており、四七一名の従業婦が在籍していた。遊郭入り口の洲崎川は、その後も水路として跡をとどめていたが、昭和五十一年に埋め立てられ、一帯は緑道公園として整備されている。遊郭時代の建物も数軒を残すのみとなった。現在の住居表示は東陽《とうよう》一丁目だが、地下鉄の最寄り駅は東西線の東陽町駅より木場《きば》駅の方が近い。

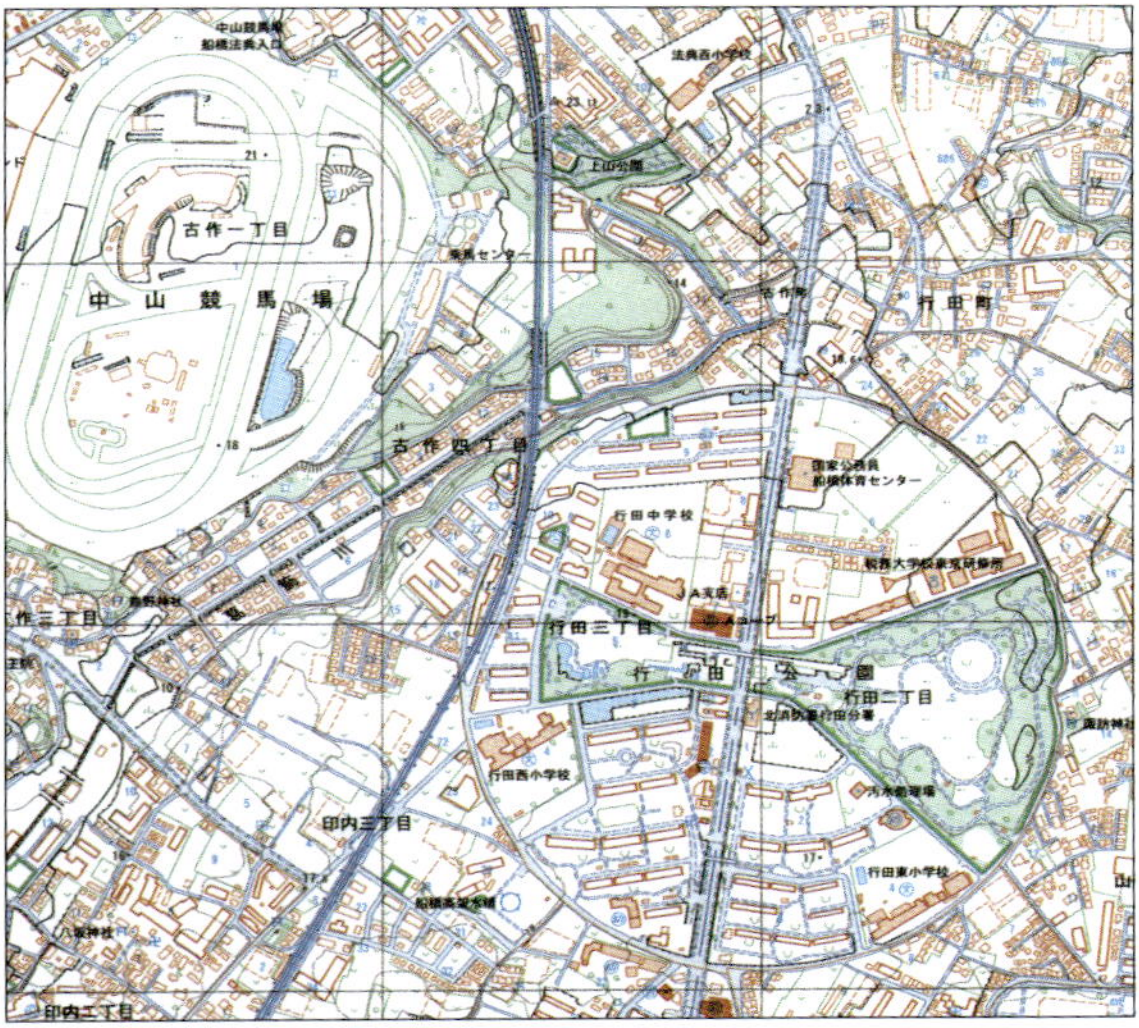

船橋海軍無線電信所（1/1万「中山」平成19年修正　×0.5）

円周道路の謎

直線だったり、曲がりくねったりと、道路にはさまざまなパターンがある。しかしコンパスで描いたような完全な円形の街路というのはなかなか存在しないものだ。もしそんな街路があったら、そこには何らかの意図がはたらいた、あるいはそうしなければならない事情があったと見てさしつかえない。

すっかり有名になった感があるが、千葉県船橋市行田《ぎょうだ》の船橋海軍無線電信所跡など、その典型であろう。中山《なかやま》競馬場の南東には直径八〇〇メートルのきれいな円形の道が残る。これが旧電信所の敷地輪郭線である。JR武蔵野線の西《にし》

船橋海軍無線電信所（㊤昭和19年陸軍撮影。㊦平成19年国土地理院撮影）

船橋《ふなばし》〜船橋法典《ふなばしほうてん》の車窓からは、電信所跡に建つ行田団地などの集合住宅やそのきれいなカーブを描く外周道路を眺望できる。

この電信所は、大正四年（一九一五）に無線の送受信施設として誕生した。当初は逓信省と海軍省が施設を共用し、ハワイとの通信試験および国際無線電信業務が初めて行われた歴史的な施設でもあった。完成当初は中央に高さ二〇〇メートルの主塔が立ち、周囲に高さ六〇メートルの副塔一八基が取り囲み、傘の骨のような放射状の長波用アンテナが張り巡らされていた。それゆえ、電信所は真円の敷地になったのである。のちにアンテナは短波用に作り替えられたが、円形の敷地はそのまま残った。

船橋海軍無線電信所は歴史の節目に二度立ち会っている。関東大震災直後は京浜地区の壊滅をいち早く日本全国や世界各地に発信し、昭和十六年（一九四一）十二月二日には「ニイタカヤマノボレ一二〇八」（十二月八日を期して開戦）の極秘電を、ハワイに向かう機動部隊の旗艦「赤城《あかぎ》」に送信している。

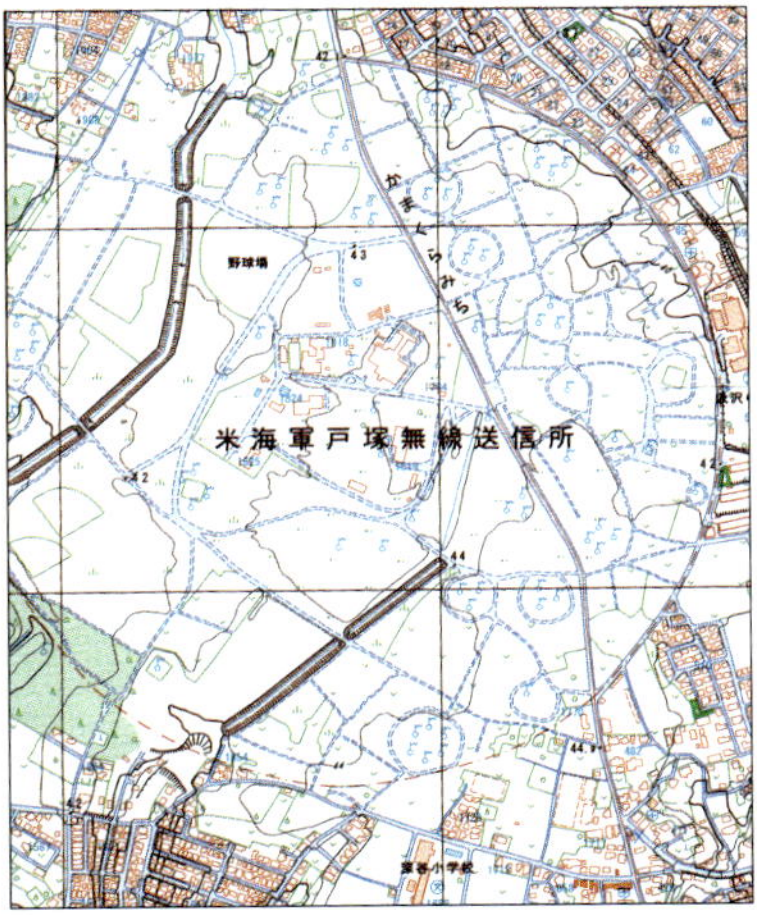

戸塚送信所（1/1万「戸塚」平成14年修正　×0.5）

終戦後、電信所は連合軍に接収され、その後もアメリカ海軍が使用しつづけた。昭和四十一年に日本に返還されたが、日本側は施設を使用せず、昭和四十六年に解体されている。跡地は順次行田公園や学校、団地に変わっていった。電信所当時の遺構は、行田公園に残る船橋無線塔記念碑と円周道路だけである。

同様の施設で、今なお使用されているのが、横浜市泉《いずみ》区にあるアメリカ海軍戸塚《とつか》無線送信所である。ここも帝国海軍の戸塚送信所として建設・運用され、終戦後に連合軍が接収して、今もアメリカ海軍が使用している。施設の外周のうち、道路となっているのは全体の三分の一ほどだが、それ以外の行政界もきれいな円弧を描いているので、施設の境界がわかる。

じつは、これらとそっくりの不思議な円周路が、東京にも存在する。目黒区下目黒《しもめぐろ》四丁目にある小径である。この道は何を意味するのだろうか。

軍事施設の輪郭かと思いきや、ここは昔目黒競馬場だった場所。以前の地図を対照させてみ

目黒競馬場の外側をめぐっていた小道が今もきれいなカーブを描いている

目黒競馬場跡（1/1万「渋谷」平成11年修正、「品川」平成11年修正　×0.75）

目黒競馬場跡　跡地には住宅も建ちはじめている（昭和11年陸軍撮影）

元競馬場交差点には、「目黒競馬場跡」記念碑が建てられている

れば一目瞭然である。開場したのは明治四十年（一九〇七）で、長円形のコースをもつ競馬場としては日本初のもの。大小二つの馬見所（スタンド）が設けられ

池上競馬場跡の変遷　池上競馬場の跡地は、コース跡やコースを造成するため掘り下げた跡が池となっていた㊤が、昭和初期に宅地分譲がはじまると、しだいに痕跡は薄れていった㊥。今ではまったく跡をとどめない㊦。（㊤1/2.5万「川崎」大正11年修正測図　×1.25。㊥1/2.5万「川崎」昭和7年要部修正測図　×1.25。㊦1/1万「蒲田」平成11年修正　×0.5）

るなど本格的な競馬場だった。昭和七年には第一回東京優駿《ゆうしゅん》大競走（日本ダービー）も開催されている。そのコースの外周路の一部が路地となって残ったのである。馬見所のあった下目黒五丁目の目黒通りには元競馬場という交差点やバス停がある。元競馬場交差点には、石碑の上に小さな馬がちょこんと乗った「目黒競馬場跡」と記された記念碑がぽつんと立つ。これは、日本ダービーが五〇回を迎えたのを記念して、昭和五十八年に建立されたものである。

羽田競馬場　昭和12年、惜しまれつつ廃止された。この写真を見ると多摩川河口の砂洲に造成されたことがはっきりわかる（昭和11年陸軍撮影）

　では、競馬場が必ず痕跡を残すかといえば、疑問符が付く。競馬場跡は目黒以外にもいくつかあったが、その跡は現在ほとんど残っていないのである。たとえば東京競馬会が明治三十九年に開設した池上《いけがみ》競馬場は、明治四十一年の閉鎖後も、馬場を造るために土を掘り下げた跡の池や、馬場の跡が草むらとなっていた。子どもの遊び場や釣り場になっていたというその跡は、大正時代の地図でも明瞭に確認できる。しかし昭和十一年、目黒蒲田電鉄（東急電鉄の前身のひとつ）不動産部が分譲地として開発に乗り出したことで景観は一変する。多数残っていた池も埋め立てられ、整地された土地には、短冊状の街路がかたちづくられた。現在は完全に住宅地に変貌しており、競馬場の痕跡はまったく判別できなくなっている。

羽田空港の国際線旅客ターミナル前の駐機場付近は、かつての羽田競馬場跡である。昭和七年に開場した当時は大変な盛況を博したというが、昭和十二年かぎりで廃止となった。跡地は日本特殊鋼（大同特殊鋼に吸収）羽田工場となり、戦時中は高射砲陣地が設けられた。ここも

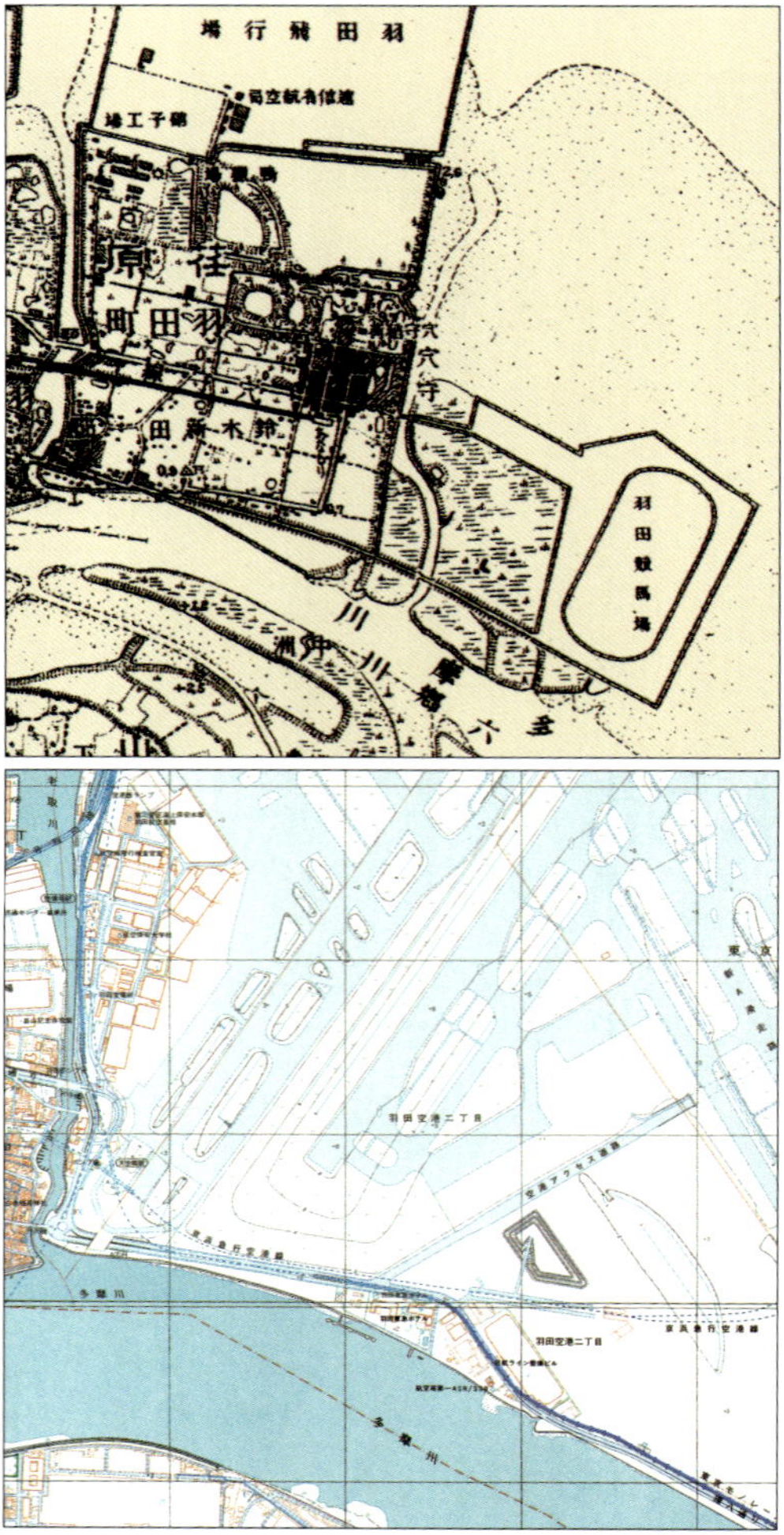

羽田競馬場　今は国際線旅客ターミナルとなった（㊤1/2.5万「穴守」昭和7年要部修正測図　×0.83。㊦1/1万「羽田空港」平成11年修正、「浮島」平成12年修正　×0.33）

まったく跡地をうかがわせるものはない。立ち入ることも不可能だ。

廃線分譲地

廃線跡という言葉もすっかり一般化した。かつて鉄道趣味の極北とまでいわれた時代を知る者からすれば、隔世の感を禁じえない。

鉄道廃線の跡地というと、道路に置き換わったという先入観を抱きがちだ。しかし廃線跡が

亀有の旧日立専用線跡に一列に建てられた住宅　常磐線車内より撮影

亀有旧日立専用線（1/1万「亀有」平成10年修正　×1.0）

昭和38年当時の専用線（国土地理院撮影）

必ずしも道路になっているとはかぎらない。都市部に時おり見られるのが、〝廃線分譲地〟である。細長い軌道跡の土地を細切れに分譲したことから、軌道跡に沿ってきれいに住宅が並び、意図せずして、地図や現地ではっきり判別できるのである。

東京メトロ千代田《ちよだ》線がそのまま乗り入れている常磐緩行《かんこう》線の下り列車に乗り、亀有《かめあり》駅を出て左（北側）の車窓を眺めると、住宅が線路からきれいな弧を描いて離れていくのがはっきり確認できる。これこそ、日《ひ》立《たち》製作所亀有工場への専用引込線の廃線跡である。亀有工場は昭和四十九年（一九七四）に廃止となり、跡地は東京都下水道局中川処理場（現中川水再生センター）や都立中川公園として整備されている。用途を失った専用線も廃止となったが、その一部が住宅用地として分譲されたものだろう。

赤羽の先から東京陸軍兵器補給廠に延びていた軍用軌道跡の一部も、住宅となっている。場所は赤羽自然観察公園から国立西《にし》が丘《おか》サッカー場北口までの区間だ。赤羽自然観察公園と西が丘サッカー場の双方とも、終戦までは東京陸軍兵器補給廠だった。戦後はアメリカ軍東京兵器補給廠などを経て、陸上自衛隊十条駐屯地赤羽分屯地《ぶんとんち》となった。地上からでは判別しがたいが、地図を見れば、軌道跡にずらりと建物が連なっているようすが確認できる。一戸建て、マンション、公共施設と、用途や建物はさまざまだが、廃線跡に沿って一列にきれいに並んでいるのだ。

こうした経緯で建てられた住宅は、廃線跡ばかりとはかぎらない。未成線でも同様の事例は存在する。東京から江戸川を越えた千葉県松戸市には、新京成電鉄の未成線分譲地が存在する

軍用軌道の廃線跡に建てられた住宅

軍用軌道跡（1/1万「赤羽」平成10年修正　×0.75）

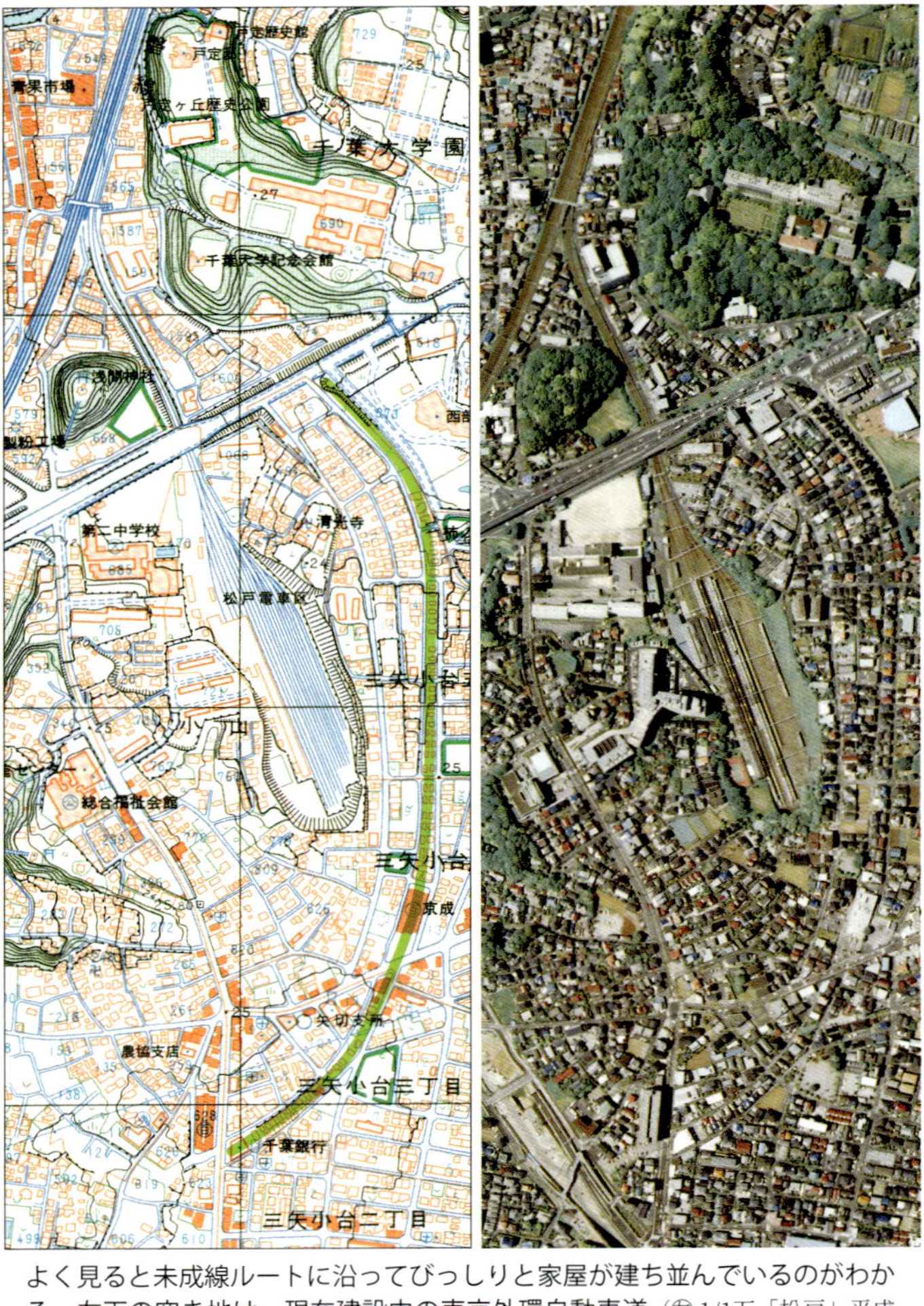

よく見ると未成線ルートに沿ってびっしりと家屋が建ち並んでいるのがわかる。左下の空き地は、現在建設中の東京外環自動車道（㊧ 1/1万「松戸」平成10年修正　×0.8。㊨ 平成20年国土地理院撮影）

のだ。昭和三十年代初頭、松戸と京成津田沼《けいせいつだぬま》を結ぶ新京成電鉄は、常磐線の混雑緩和をめざして、松戸から柴又《しばまた》までの延伸新線を計画していた。柴又止まりであればさほど意味をなさないが、柴又駅で接続する京成電鉄が押上〜有楽町《ゆうらくちょう》間に新線を計画していたことから、新京成電鉄は、そのまま列車を柴又から京成線に乗り入れ、有楽町までの直通運転を構想したのである。

こうして昭和三十一年、新京成電鉄は松戸〜柴又四・七キロの鉄道敷設免許を申請する。途

新京成電鉄の延伸新線用地には家屋が規則正しく並んでいる

松戸高校前（仮称）駅の用地は、新京成バスの回転場とスーパーマーケットになっている

中駅は「園芸学部」「松戸高校前」の二駅で、矢切《やぎり》付近で江戸川を横断して柴又に接続する計画だった。映画「男はつらいよ」で柴又界隈が脚光を浴びるずっと前である。しかし用地買収につまずき、着工できないまま、時間だけが空しく過ぎていった。そして昭和四十四年には営団地下鉄千代田線の北千住〜大手町間が開業。国鉄常磐線との相互直通運転が決定したことから、路線延伸計画をあきらめた新京成は、昭和三十六年以降毎年更新してきた「中請期限延長願」を昭和四十五年に取り下げてしまったのだ。

そうなると、すでに松戸側に確保していた買収済みの用地が浮いてしまう。結局その土地は分譲され、今では新京成電鉄延伸予定地にきれいな弧を描いて一戸建て住宅が二列に並ぶ新興住宅地となっている。大部分の用地は宅地化されたが、ホームや駅舎用地を確保していた松戸高校前（仮称）駅の予定地は、新京成バスの三矢小台《みやこだい》回転場とスーパーマーケットのリブレ京成三矢小台店へと変わった。バス回転場のそばには、古い枕木《まくらぎ》を転用した柵《さく》が残っている。

水域の記憶

自動車社会が到来するまで、物流の主役は水運だった。そのため、海に面した日本中の大都市の下町には縦横に掘割が開削され、多数の船が行き来していた。東京中心部も例外ではなかった。終戦までの東京は、水の都といっていいほどの風情を醸し出していたのである。下町の掘割のほとんどの両岸が、河岸《かし》（荷揚げ場）として利用された。都心部の有名なものだけでも、日本橋の魚河岸、米河岸、小舟《こぶな》河岸、鎌倉《かまくら》河岸、京橋《きょうばし》の大根《だいこ》河岸、竹河岸、箱崎川《はこざきがわ》（埋め立てで現存せず）の行徳河岸、神田川（外濠）の神楽《かぐら》河岸など、数えきれないほど。

しかし多数あった掘割は、戦災の瓦礫処理のために、まず外濠《そとぼり》の大部分が埋められていった。四谷《よつや》の真田《さなだ》堀《ぼり》グラウンドや銀座《ぎんざ》を囲む東京高速道路（KK線）は、かつての外濠である。その後、東京オリンピックをひかえて突貫工事で首都高速が整備された時期に、道路用地として埋め立てられたり、流路そのものは埋められなくても、日本橋川や神田川、古川《ふるかわ》のように、次々

秋葉原公園の土地が周囲より１m近く低いのは、秋葉原貨物駅の船溜まりに続く掘割跡のためである

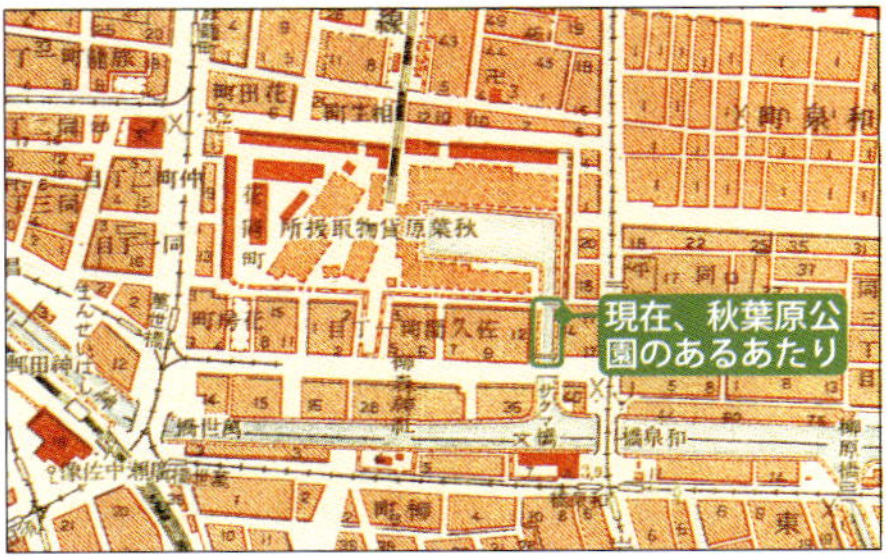

（1/1万「日本橋」大正10年修正測図　×0.75）

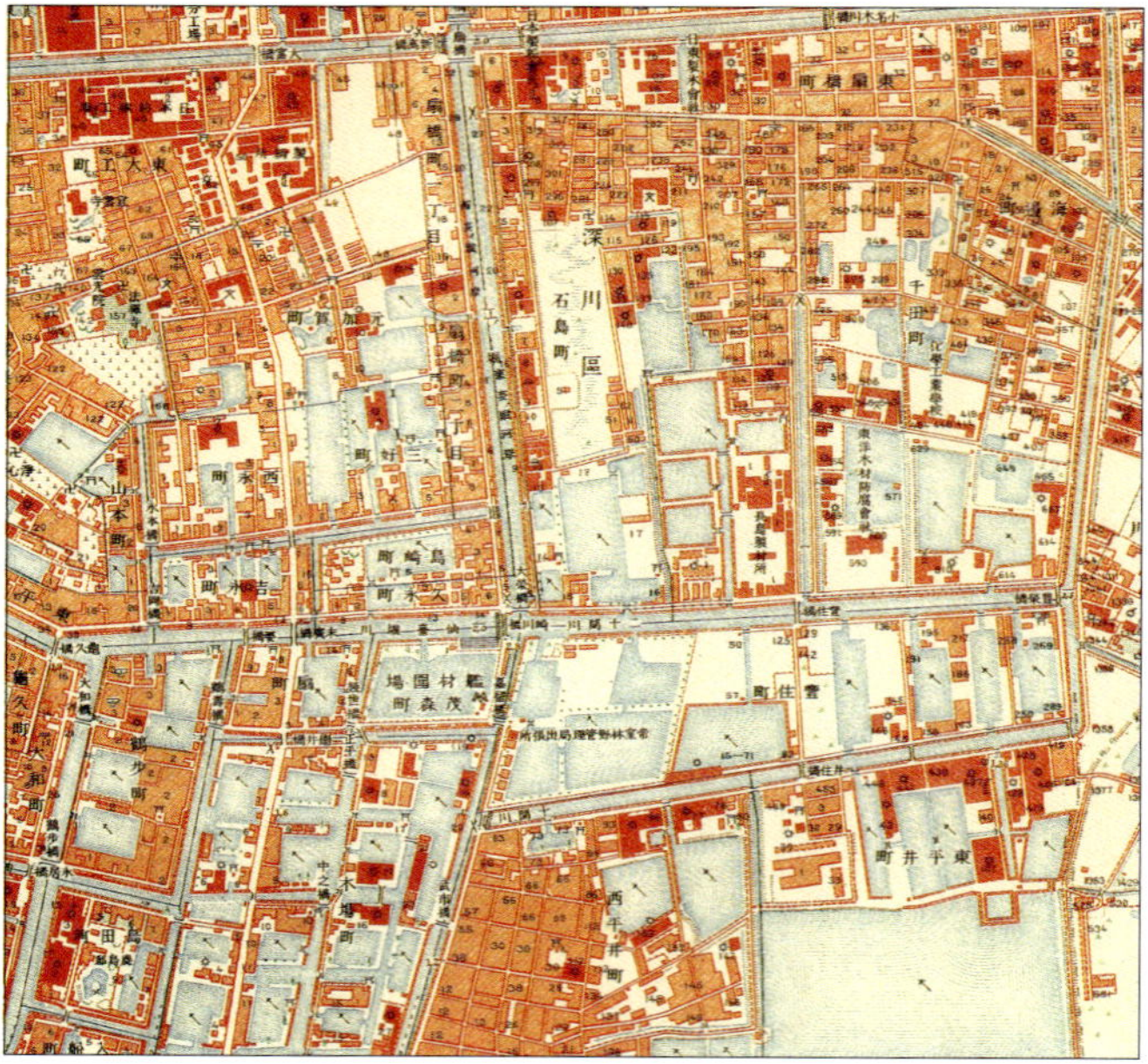

30年あまり前まで、深川あたりには当たり前のように木場（貯木場）があった（1/1万「深川」大正10年修正測図　×0.5）

と高架の橋脚が建設され、上空が高速道路用地として使われたところも少なくない。日本橋は昭和三十八年（一九六三）の高速道路の建設で、江戸の面影はすっかり過去のものとなった。

　秋葉《あきは》原《ばら》駅前には、戦後しばらくまで秋葉原貨物駅へ延びる掘割と船溜《だ》まりが残っていた。秋葉原に貨物取扱所ができた明治から大正にかけては水運も健在で、神田川から貨物取扱所までの掘割が開削され、船溜まりと貨物取扱所の間で荷物が積み替えられたのである。船溜まり跡はヨドバシカメラとなって昔日の面影はないが、秋葉原駅南の掘割の跡はそのままの幅で

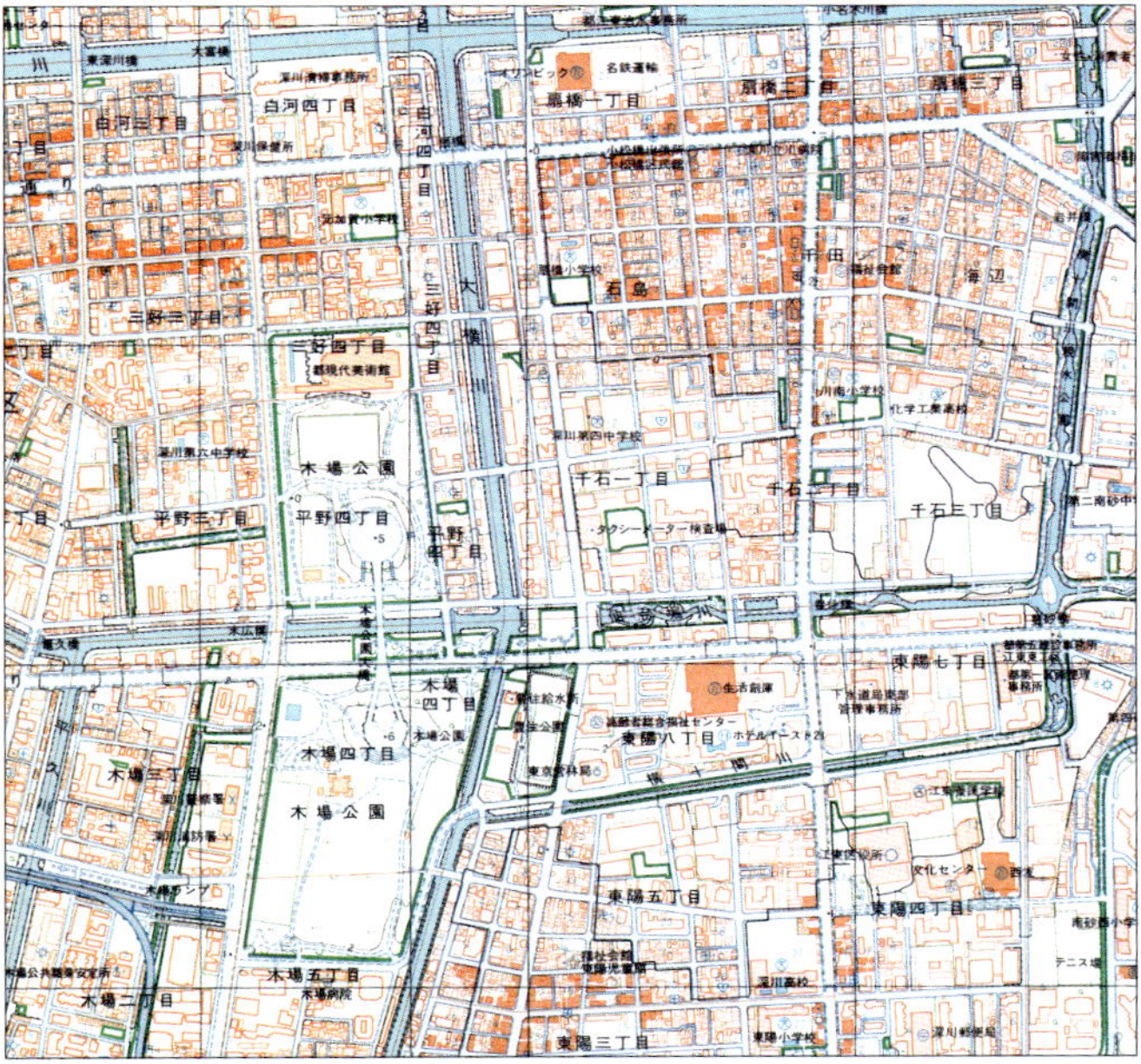

今や木場はまったく失われ、埋め立てられた。木場が移転した新木場の貯木場にもほとんど材木は見られない。もはや丸太を輸入する時代ではないからだ（1/1万「亀戸」平成10年修正、「日本橋」平成10年修正　×0.5）

秋葉原公園となっている。土地の高さが周囲より低いのは掘割のころの名残だ。園内には、掘割にかかっていた佐久間《さくま》橋《ばし》の親柱が残されている。

公園と道路を隔てて建つ和泉《いずみ》橋《ばし》区民会館も掘割に建てられた施設である。ここにも佐久間橋の親柱は保存されている。裏に回ると、「昭和四年四月完成」と刻まれている。関東大震災後、道を拡幅したときのものだろう。会館のすぐ裏を神田川が流れている。今、この川を行き来する船はほとんどないが、わずか数十年前まで、神田川をひっきりなしに船が出入りしていた時代

このあたりは地盤が弱く、昭和戦後期に入っても埋め立てが進まなかった。葛西沖の埋め立てが完成したのは1980年代である（1/2万「東京府下武蔵国葛飾郡東西宇喜田両村並傍近村落図」明治13.4　×1.0）

（1/1万「夢の島」平成11年修正　×0.5）

が、たしかに存在したのである。

水都の名残が消えたのは都心ばかりではなかった。深川の町に、まるで毛細血管のようにたくさんあった木場《きば》（貯木場）も、昭和四十年代後半の新木場《しんきば》移転を契機にすっかり消えてしまった。木場が消えたことから、木場に伝わる木遣《きやり》や角乗《かくの》りといった独特の文化も風前の灯である。

江戸川区の西葛西《にしかさい》から南東に向かってジグザグに走る都道四五〇号線。この道は異様に曲が

かつての海岸線を走る都道450号線　一部には防潮堤がそのまま残っている（江戸川区西葛西7丁目）

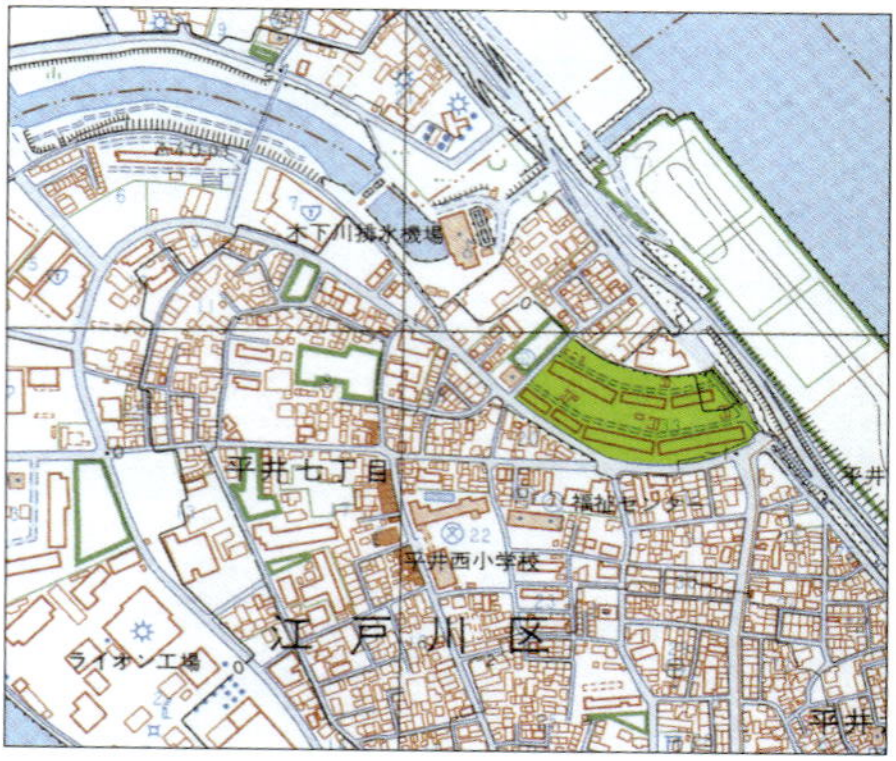

平井住宅（1/1万「青戸」平成10年修正　×0.75）

りくねっているが、正式名が「新荒川葛西堤防線」ということからわかるように、じつはかつての海岸線を走る堤防道路である。この道は、東京湾岸から中川にかけてのゼロメートル地帯を水害から守る堤防でもあったのだ。今も道の海側にはところどころ堤防が顔を出しており、かつての面影を伝えている。

利根川水系の中川はもともと、現在の葛飾区と江戸川区の区境を流れ下って東京湾に注いで

平井七丁目住宅　建物が旧中川の流路に沿って建てられている不思議な光景

スーパー堤防との段差　左側がスーパー堤防で嵩上げされた宅地である。落差は５mほどあるように見えた

いた。しかし大正時代に荒川放水路が開削されたことで流路が大幅に変わった。放水路右岸（西岸）の中川（旧中川）は、両端を荒川放水路に塞《ふさ》がれ、三日月湖に近い状態になってしまったのである。旧中川のうち、放水路に面した上流部の一部は埋め立てられて大蔵省の住宅（現財務省平井住宅）になった。興味を引かれるのはその建て方だ。ゆったりと弧を描く中川旧河道に沿って、各棟が絶妙なカーブを描いて建っているのだ。地図でも現地でも確認可能である。

平井住宅のある江戸川区平井七丁目は、事業仕分けでも話題になった「スーパー堤防事業」を先行実施したところである。このあたりは長年の地盤沈下のため、標高はマイナス二メートル。平井住宅は、当初スーパー堤防の事業区域に含まれていたにもかかわらず、なぜか区域からはずされたのだという。事業に参加しない理由は、建て替え時期ではないからというものだった。その結果、嵩上げした事業実施区域の市街地と平井住宅との境には、高さ五メートルほどの絶壁ができてしまったのだ。スーパー堤防に積極的な国土交通省・江戸川区と、消極的な財務省との温度差が、はからずも如実に表れている場所でもある。

あとがき

現代は、どこにいっても案内標識だらけ、説明過剰である。考えてみれば、これほど不幸な世の中はないかもしれない。自分で調べることをしないまま、ことの真偽について確かめる間もなく思考停止し、お仕着せの歴史観を真実として押し付けられてしまうからだ。しかも、説明過剰は、かえって事の真相・深層を覆い隠している。

同時にこうはいえないだろうか。案内板のないスポットにこそ、世の真実と面白さは隠れている。だから自分の足で探して、自分の頭で考えるしかない。これが東京のすみずみまで歩いてみた、私なりの結論だった。

現在進行形の面白さはどこにでも転がっている。東京はいつでもワンダーランド、まるで巨大なテーマパークなのである。

東京をテーマにした書籍は、多数出版されている。古典となった本も少なくない。この本が長く読みつがれるならば、著者としてこれに勝る喜びはない。

主要参考文献

■第1章

陸地測量部編『陸地測量部沿革誌』陸地測量部　一九二二

測量・地図百年史編集委員会編『測量・地図百年史』国土地理院　一九七〇

■第2章

小林安茂『上野公園』郷学舎　一九八〇

前島康彦『皇居外苑』郷学舎　一九八一

末松四郎『東京の公園通誌　上・下』郷学舎　一九八一

猪瀬直樹『ミカドの肖像』小学館　一九八六

■第3章

田中潔『青山霊園』郷学舎　一九八一

村越知世『多磨霊園』郷学舎　一九八一

浅香勝輔・八木沢壮一『火葬場』大明堂　一九八三

松戸市誌編纂委員会編『松戸市史　下巻（二）』松戸市　一九六八

■第4章

佐藤志郎『東京の水道』都政通信社　一九六〇

堀越正雄『水道の文化史』鹿島出版会　一九八一

武蔵村山市教育委員会（武蔵村山市立歴史民俗資料館）編『武蔵村山の軽便鉄道』武蔵村山市教育委員会　二〇一〇

■第5章

絹田幸恵『荒川放水路物語　新版』新草出版　一九九二

浅野明彦『鉄道考古学を歩く』ＪＴＢ　一九九八

■第6章
森口誠之編著『鉄道未成線を歩く　私鉄編』JTB　二〇〇一

■第7章
竹内正浩『戦争遺産探訪　日本編』文春新書　二〇〇七
飯田則夫『TOKYO軍事遺跡』交通新聞社　二〇〇五

■第8章
越澤明『東京都市計画物語』ちくま学芸文庫　二〇〇一
首都高速道路公団編『首都高速道路公団三十年史』首都高速道路公団　一九八九

■第9章
越澤明『東京の都市計画』岩波新書　一九九一
岡崎柾男『洲崎遊廓物語』青蛙房　一九八八
竹内正浩『軍事遺産を歩く』ちくま文庫　二〇〇六
宮脇俊三編著『鉄道廃線跡を歩くⅧ』JTB　二〇〇一
新京成電鉄社史編纂事務局編『新京成電鉄五十年史』新京成電鉄　一九九七

本書掲載の写真は特記以外、著者・編集部撮影によるものです。
本書記載の内容は2011年１月～８月の取材に基づきます。その後の開発等により、現状と相違がある場合があります。

この地図は、国土地理院長の承認を得て、同院発行の５万分の１地形図、２万５千分の１地形図及び１万分の１地形図を複製したものである。（承認番号　平23情複、第267号）
この空中写真は、国土地理院長の承認を得て、同院撮影の空中写真及び日本陸軍撮影の空中写真を複製したものである。（承認番号　平23情複、第267号）
本書掲載の地図・空中写真を複製する場合には、国土地理院の長の承認を得なければならない。

JASRAC 出 1111380-101

DTP・市川真樹子

竹内正浩（たけうち・まさひろ）

1963年，愛知県生まれ．1985年，北海道大学卒業．JTBで20年近く旅行雑誌『旅』などの編集に携わり，各地を取材．退社後，地図や近代史研究をライフワークとするフリーライターに．

著書『鉄道と日本軍』『軍事遺産を歩く』（以上，筑摩書房），『日本の珍地名』『地図もウソをつく』『戦争遺産探訪　日本編』『黄金世代の旅行術』（以上，文藝春秋），『地図で読み解く戦国合戦の真実』『地図だけが知っている日本100年の変貌』（以上，小学館）など

カラー版《ばん》　地図《ちず》と愉《たの》しむ東京歴史散歩《とうきようれきしさんぽ》
中公新書 *2129*

2011年 9 月25日発行

著　者　竹内正浩
発行者　小林敬和

本文印刷　三晃印刷
カバー印刷　大熊整美堂
製　　本　小泉製本

発行所　中央公論新社
〒104-8320
東京都中央区京橋 2-8-7
電話　販売 03-3563-1431
　　　編集 03-3563-3668
URL http://www.chuko.co.jp/

定価はカバーに表示してあります．
落丁本・乱丁本はお手数ですが小社販売部宛にお送りください．送料小社負担にてお取り替えいたします．

本書の無断複製（コピー）は著作権法上での例外を除き禁じられています．また，代行業者等に依頼してスキャンやデジタル化することは，たとえ個人や家庭内の利用を目的とする場合でも著作権法違反です．

©2011 Masahiro TAKEUCHI
Published by CHUOKORON-SHINSHA, INC.
Printed in Japan　ISBN978-4-12-102129-8 C1225

中公新書

地域・文化・紀行 t2

- 560 文化人類学入門（増補改訂版） 祖父江孝男
- 741 文化人類学15の理論 綾部恒雄編
- 1311 身ぶりとしぐさの人類学 野村雅一
- 1731 ブッシュマンとして生きる 菅原和孝
- 1822 イヌイット 岸上伸啓
- 92 肉食の思想 鯖田豊之
- 1830 鉄道の文学紀行 佐藤喜一
- 1915 カラー版 東海道新幹線歴史散歩 一坂太郎
- 1649 霞ヶ関歴史散歩 宮田 章
- 1604 カラー版 近代化遺産を歩く 増田彰久
- 1542 カラー版 地中海都市周遊 陣内秀信 福井憲彦
- 1748 カラー版 ギリシャを巡る 萩野矢慶記
- 1692 カラー版 スイス―花の旅 中塚 裕
- 1745 カラー版 遺跡が語るアジア 大村次郷
- 1603 カラー版 トレッキングinヒマラヤ 向 一陽 向 晶子
- 2026 ヒマラヤ世界 向 一陽
- 1671 カラー版 アフリカを行く 吉野 信
- 1969 カラー版 アマゾンの森と川を行く 高野 潤
- 2012 カラー版 マチュピチュ―天空の聖殿 高野 潤
- 2092 カラー版 パタゴニアを行く 野村哲也
- 1839 カラー版 山歩き12か月 工藤隆雄
- 1869 カラー版 将棋駒の世界 増山雅人
- 1926 自転車入門 河村健吉
- 417 食の文化史 大塚 滋
- 2117 物語 食の文化 北岡正三郎
- 1806 京の和菓子 辻 ミチ子
- 415 ワインの世界史 古賀 守
- 1835 バーのある人生 枝川公一
- 596 茶の世界史 角山 栄
- 1930 ジャガイモの世界史 伊藤章治
- 2088 チョコレートの世界史 武田尚子
- 1095 コーヒーが廻り世界史が廻る 臼井隆一郎
- 1974 毒と薬の世界史 船山信次
- 1443 朝鮮半島の食と酒 鄭 大聲
- 650 風景学入門 中村良夫
- 1590 風景学・実践篇 中村良夫
- 2129 カラー版 地図と愉しむ東京歴史散歩 竹内正浩